I0567213

DISCLAIMER

The author and publisher are providing this book and its contents on an "as is" basis and make no representations or warranties of any kind with respect to this book or its contents. The author and publisher disclaim all such representations and warranties, including but not limited to warranties of merchantability. In addition, the author and publisher do not represent or warrant that the information accessible via this book is accurate, complete, or current.

Except as specifically stated in this book, neither the author nor publisher, nor any authors, contributors, or other representatives will be liable for damages arising out of or in connection with the use of this book. This is a comprehensive limitation of liability that applies to all damages of any kind, including (without limitation) compensatory; direct, indirect, or consequential damages; loss of data, income, or profit; loss of or damage to property; and claims of third parties.

FIRST EDITION - Published 2022

Extra Graphic Material From: www.freepik.com
Thanks to: Alekksall, Starline, Pch.vector, Rawpixel.com, Vectorpocket, Dgim-studio, Upklyak, Macrovector, Stockgiu, Pikisuperstar & Freepik.com Designers

This Book Comes With Free Bonus Puzzles
Available Here:

BestActivityBooks.com/WSBONUS20

5 TIPS TO START!

1) HOW TO SOLVE

The Puzzles are in a Classic Format:

- Words are hidden without breaks (no spaces, dashes, ...)
- Orientation: Forward & Backward, Up & Down or
  in Diagonal (can be in both directions)
- Words can overlap or cross each other

2) ACTIVE LEARNING

To encourage learning actively, a space is provided next to each word to write down the translation. The **DICTIONARY** allows you to verify and expand your knowledge. You can look up and write down each translation, find the words in the Puzzle then add them to your vocabulary!

3) TAG YOUR WORDS

Have you tried using a tag system? For example, you could mark the words which have been difficult to find with a cross, the ones you loved with a star, new words with a triangle, rare words with a diamond and so on...

4) ORGANIZE YOUR LEARNING

We also offer a convenient **NOTEBOOK** at the end of this edition. Whether on vacation, travelling or at home, you can easily organize your new knowledge without needing a second notebook!

5) FINISHED?

Go to the bonus section: **MONSTER CHALLENGE** to find a free game offered at the end of this edition!

Want more fun and learning activities? It's **Fast and Simple!**
An entire Game Book Collection just **one click away!**

Find your next challenge at:

BestActivityBooks.com/MyNextWordSearch

Ready, Set... Go!

Did you know there are around 7,000 different languages in the world? Words are precious.

We love languages and have been working hard to make the highest quality books for you. Our ingredients?

A selection of indispensable learning themes, three big slices of fun, then we add a spoonful of difficult words and a pinch of rare ones. We serve them up with care and a maximum of delight so you can solve the best word games and have fun learning!

Your feedback is essential. You can be an active participant in the success of this book by leaving us a review. Tell us what you liked most in this edition!

Here is a short link which will take you to your order page.

BestBooksActivity.com/Review50

Thanks for your help and enjoy the Game!

Linguas Classics Team

1 - Antiques

س	ب	ک	ب	ت	م	ی	ق	س	ک	ه	ی	ت	خ	ي	ک
ق	د	ی	م	ی	ج	ا	ر	ح	م	ت	ر	م	ی	م	ی
ل	ص	ر	ژ	ع	س	ح	ن	ب	ع	ب	ژ	ط	ط	ک	ف
س	ژ	ل	ا	ض	م	ل	ه	ژ	ت	ئ	ل	ب	گ	ج	ی
ص	ن	ا	ش	و	ه	ي	ب	ن	آ	ع	م	م	آ	ش	ت
ي	ف	گ	غ	ص	س	ض	ر	آ	ص	خ	م	ش	ا	آ	ف
م	غ	ن	ک	ش	ا	ب	ی	ز	ذ	ح	ف	چ	ع	ن	م
ت	ب	ح	د	ر	ز	ت	ژ	ذ	ع	ظ	م	ی	ح	ک	ظ
غ	پ	آ	ک	ق	ی	ر	ا	ذ	گ	ه	ی	ا	م	ر	س
ح	آ	چ	ر	ا	ا	ذ	ا	گ	ش	ي	م	ظ	و	ط	ض
ع	ش	د	ف	غ	ب	ع	ت	ز	ئ	ي	ن	ي	م	غ	چ
ق	غ	ی	ر	م	ع	م	و	ل	ظ	ا	ط	ل	و	ص	ی
ر	ز	ن	خ	و	د	ق	ش	د	ر	گ	ز	ش	ر	ع	ا
ن	ش	ص	و	ع	س	ط	ژ	ض	آ	ذ	ي	ط	د	ت	ف
غ	ث	گ	غ	ژ	ب	ق	ژ	ی	ث	گ	ص	ق	ک	ا	خ
ع	چ	ث	ب	گ	د	ب	خ	ط	ج	م	خ	غ	ع	ج	خ

تزئيني

غیر معمول

2 - Food #1

ن	ط	ل	ف	ف	غ	و	ج	ج	ظ	ب	آ	س	ط	س	ج
ز	ف	ک	چ	ل	چ	پ	خ	ش	ح	ع	پ	گ	ا	گ	ض
ف	خ	م	ا	ت	ي	ن	ک	ی	د	ق	ع	ل	ل	ث	ع
ی	گ	ن	ر	ف	ت	و	ت	ر	ي	غ	ا	ا	ا	ف	ب
ن	ص	ت	ح	ف	ل	ج	غ	ک	چ	د	ب	ر	آ	ط	ط
ی	ظ	ی	ظ	ش	ا	غ	ج	ش	گ	ی	ق	ظ	م	ئ	ر
م	ر	ه	ي	ب	آ	آ	ج	ح	ز	و	م	ج	ح	ل	ظ
ز	ص	ا	س	ج	ا	ن	ف	س	ا	ب	ظ	ی	ی	گ	ت
م	ف	م	ی	د	ر	د	ک	غ	ی	چ	ض	گ	و	چ	ص
ا	چ	و	ش	ژ	ی	د	ت	ئ	پ	د	ن	ق	ر	ی	س
د	ه	چ	ل	ذ	ح	ا	ز	ط	ف	ق	چ	ژ	ص	ظ	غ
ا	ع	ظ	غ	ل	ا	ر	ر	پ	و	س	ق	ت	ت	ج	ئ
ب	ر	ذ	م	ی	ن	چ	د	آ	ي	ظ	م	چ	د	م	آ
ژ	ق	غ	د	م	س	ی	آ	ش	ص	پ	ک	ا	آ	ک	س
ي	ی	ي	ج	و	ي	ن	ل	ع	ص	پ	ي	ص	ژ	ی	ص
ط	ص	ذ	ظ	ژ	و	ذ	و	ا	م	ک	ق	ث	گ	ف	ز

بادام زمینی
گلابی
سالاد
نمک
سوپ
اسفناج
توت فرنگی
قند
ماهی تن
شلغم

زردآلو
جو
ریحان
هویج
دارچین
سیر
آب
لیمو
شیر
پیاز

3 - Measurements

گ	ب	ب	ی	ج	ک	ز	ط	ن	ت	ج	خ	چ	ل	ا	ن
ر	ت	م	ب	ض	و	ژ	و	ق	ک	چ	ز	ف	ی	ع	آ
م	پ	ز	ر	م	پ	غ	ن	ب	پ	ج	ل	ذ	و	ش	ذ
ف	ر	ا	ض	ع	ي	ث	م	ئ	ظ	ن	ن	ب	ع	ا	ئ
ص	ه	ج	ر	د	و	ث	ل	ل	ب	ع	ر	ض	ق	ر	ن
پ	چ	ي	ر	ت	ج	ج	ع	ی	ئ	ط	چ	ر	ژ	ی	د
ل	ا	ق	ا	ت	ز	ر	خ	ت	ل	ژ	ح	ز	ص	ل	خ
ج	ث	ک	ل	ص	ح	ک	ئ	ر	د	ذ	ظ	س	ش	ض	ي
ا	ز	ر	ل	ا	ی	د	ن	ب	ق	ز	ع	گ	ي	چ	غ
ک	ر	ت	م	ی	ت	ن	ا	س	ی	ح	ع	و	ج	م	ز
ر	ی	ت	م	ن	ط	ز	آ	پ	ق	ز	ذ	ژ	م	ظ	پ
ض	ژ	ل	ف	چ	ز	و	ط	و	ه	غ	خ	ر	ث	ظ	ک
ب	س	ن	و	ا	ک	ی	ل	و	م	ت	ر	ت	ن	ل	ي
ا	ئ	ت	ب	گ	ع	م	ص	ض	ا	ک	ی	ا	ق	آ	ح
ی	ذ	ض	ش	ط	ر	س	ن	آ	ظ	ب	ف	ر	ط	و	ل
ت	ظ	م	ز	چ	ق	م	ع	پ	پ	آ	ت	ل	ظ	ئ	ا

بایت
سانتیمتر
اعشاری
درجه
عمق
گرم
ارتفاع
اینچ
کیلوگرم
کیلومتر

طول
لیتر
جرم
متر
دقیقه
اونس
تن
وزن
عرض

4 - Farm #2

ظ	ک	خ	ف	ع	ذ	د	گ	ژ	ا	ب	ط	ذ	ض	گ	ت
آ	ب	ی	ا	ر	ی	ج	ئ	ا	ف	گ	ش	ر	ب	ب	آ
ع	س	ب	ز	ی	ل	م	ف	ظ	ئ	ي	ذ	ت	م	چ	ذ
غ	ی	ل	ت	ر	م	و	ح	ف	د	آ	ع	ج	ذ	چ	ر
ت	ی	ق	و	ا	و	ي	ا	ث	گ	آ	ث	ث	ي	م	ش
د	ر	د	ب	ب	ج	ا	ا	ی	ظ	ز	ژ	ج	ش	ن	ی
ب	ح	ا	ژ	ن	ح	ط	ش	ظ	ب	ا	ث	ث	ق	ز	ر
و	ج	ذ	ک	ا	ص	ر	آ	ک	غ	ذ	ا	ی	ژ	ا	س
ض	ی	ی	ک	ت	ظ	ی	ح	ی	و	ا	ن	ا	ت	ر	گ
ژ	ن	چ	ز	خ	و	ف	ح	ج	خ	ذ	ب	م	ر	ا	ت
س	ت	ض	ج	ف	ث	ر	گ	و	س	ف	ن	د	س	ر	ز
ئ	ح	ظ	خ	ط	ل	ر	ف	گ	ح	ر	ج	ن	ی	د	آ
چ	و	پ	ا	ن	ث	ش	ز	غ	ا	ح	ق	گ	د	ک	ح
غ	ئ	ف	خ	آ	غ	ل	ا	م	ا	ظ	ح	ب	ه	ک	ی
ت	خ	ژ	س	ب	پ	ز	ظ	ت	خ	آ	ث	ن	ا	ژ	ک
آ	ذ	گ	ئ	ي	ز	آ	گ	ژ	ح	م	ی	و	ه	ر	ب

حیوانات
جو
انبار
ذرت
اردک
کشاورز
غذا
میوه
آبیاری
بره

لاما
چمنزار
شیر
باغ
رسیده
گوسفند
چوپان
تراکتور
سبزی
گندم

5 - Books

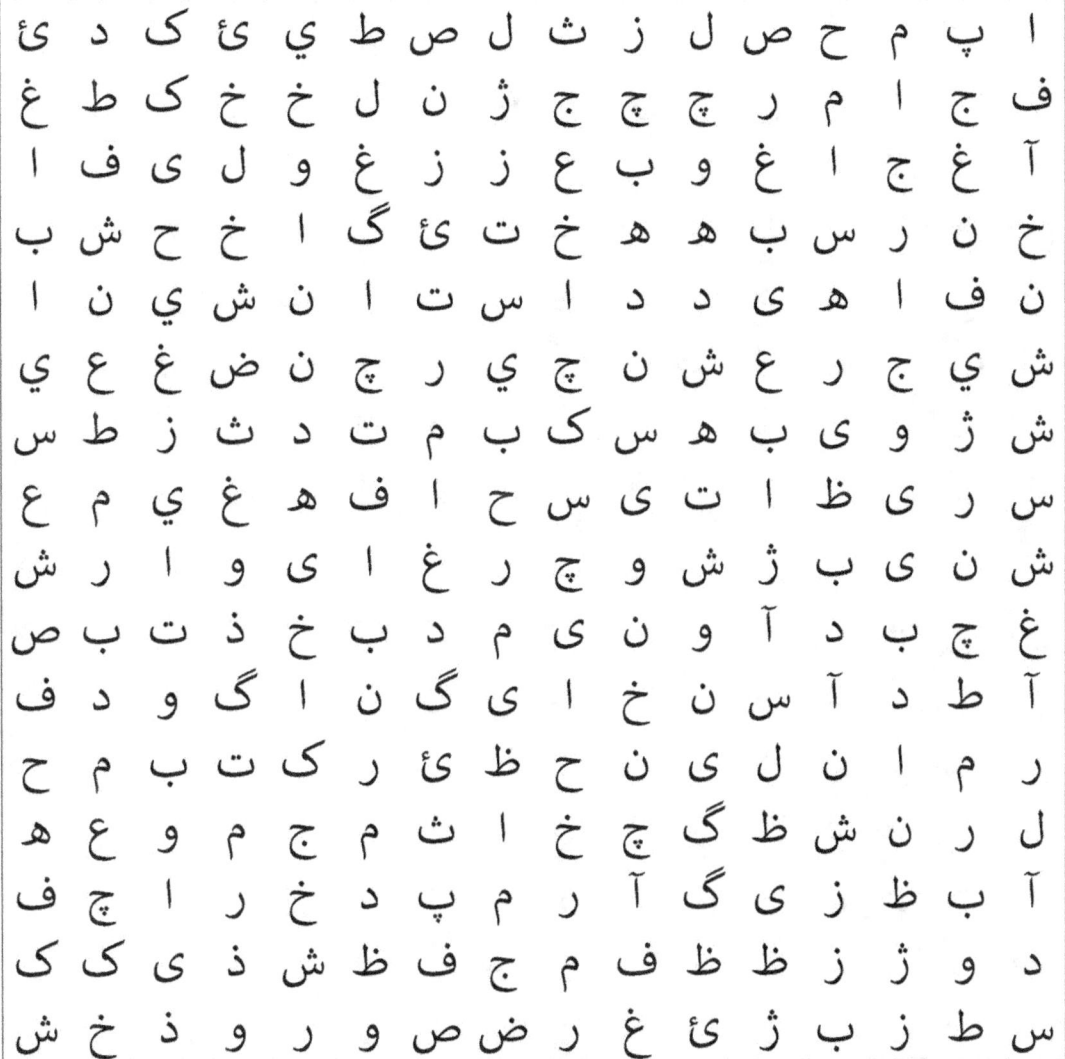

ئ	د	ک	ئ	ي	ط	ص	ل	ث	ز	ل	ص	ح	م	پ	ا
غ	ط	ک	خ	خ	ل	ن	ژ	ج	چ	چ	ر	م	ا	ج	ف
ا	ف	ی	ل	و	غ	ز	ز	ع	ب	و	غ	ا	ج	غ	آ
ب	ش	ح	خ	ا	گ	ئ	ت	خ	ه	ه	ب	س	ر	ن	خ
ا	ن	ي	ش	ن	ا	ت	س	ا	د	د	ی	ه	ا	ف	ن
ي	ع	غ	ض	ن	چ	ر	ي	چ	ن	ش	ع	ر	ج	ي	ش
س	ط	ز	ث	د	ت	م	ب	ک	س	ه	ب	ی	و	ژ	ش
ع	م	ي	غ	ه	ف	ا	ح	س	ی	ت	ا	ظ	ی	ر	س
ش	ر	ا	و	ی	ا	غ	ر	چ	و	ش	ژ	ب	ی	ن	ش
ص	ب	ت	ذ	خ	ب	د	م	ی	ن	و	آ	د	ب	چ	غ
ف	د	و	گ	ا	ن	گ	ی	ا	خ	ن	س	آ	د	ط	آ
ح	م	ب	ت	ک	ر	ئ	ظ	ح	ن	ی	ل	ن	ا	م	ر
ه	ع	و	م	ج	م	ث	ا	خ	چ	گ	ظ	ش	ن	ر	ل
ف	چ	ا	ر	خ	د	پ	م	ر	آ	گ	ی	ز	ظ	ب	آ
ک	ک	ی	ذ	ش	ظ	ف	ج	م	ف	ظ	ظ	ز	ژ	و	د
ش	خ	ذ	و	ر	و	ص	ض	ر	غ	ئ	ژ	ب	ز	ط	س

راوی
رمان
صفحه
شعر
خواننده
مربوط
سری
داستان
غم انگیز
نوشته شده

ماجراجویی
نویسنده
مجموعه
بافت
دوگانگی
حماسه
تاریخی
طنز
مبتکر
ادبی

6 - Meditation

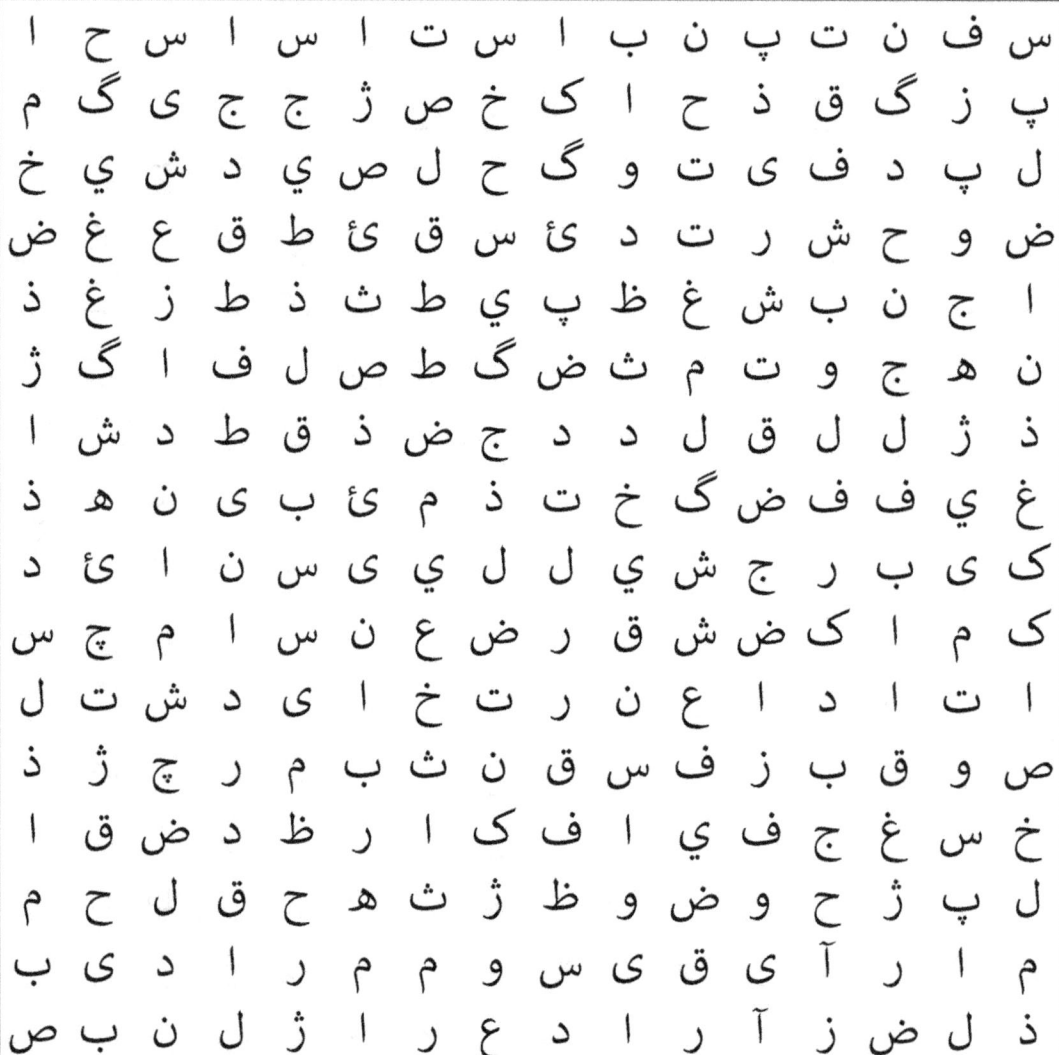

ا	ح	س	ا	س	ا	ت	س	ا	ب	ن	پ	ت	ن	ف	س
م	گ	ی	ج	ج	ژ	ص	خ	ک	ا	ح	ذ	ق	گ	ز	پ
خ	ي	ش	د	ي	ص	ل	ح	گ	و	ت	ی	ف	د	پ	ل
ض	غ	ع	ق	ط	ئ	ق	س	ئ	د	ت	ر	ش	ح	و	ض
ذ	غ	ز	ط	ذ	ث	ط	ي	پ	ظ	غ	ش	ب	ن	ج	ا
ژ	گ	ا	ف	ل	ص	ط	گ	ض	ث	م	ت	و	ج	ه	ن
ا	ش	د	ط	ق	ذ	ض	ج	د	د	ل	ق	ل	ل	ژ	ذ
ذ	ه	ن	ی	ب	ئ	م	ذ	ت	خ	گ	ض	ف	ف	ي	غ
د	ئ	ا	ن	س	ی	ي	ل	ل	ي	ش	ج	ر	ب	ی	ک
س	چ	م	ا	س	ن	ع	ض	ر	ق	ش	ض	ک	ا	م	ک
ل	ت	ش	د	ی	ا	خ	ت	ر	ن	ع	ا	د	ا	ت	ا
ذ	ژ	چ	ر	م	ب	ث	ن	ق	س	ف	ز	ب	ق	و	ص
ا	ق	ض	د	ظ	ر	ا	ک	ف	ا	ي	ف	ج	غ	س	خ
م	ح	ل	ق	ح	ه	ث	ژ	ظ	و	ض	و	ح	ژ	پ	ل
ب	ی	د	ا	ر	م	م	و	س	ی	ق	ی	آ	ر	ا	م
ص	ب	ن	ل	ژ	ا	ر	ع	د	ا	ر	آ	ز	ض	ل	ذ

مهربانی
ذهنی
ذهن
جنبش
موسیقی
طبیعت
صلح
چشم انداز
سکوت
افکار

پذیرش
توجه
بیدار
تنفس
آرام
وضوح
شفقت
احساسات
قدردانی
عادات

7 - Days and Months

ن	ذ	ي	ت	ى	ژ	ظ	ز	ب	ت	د	ع	و	ب	آ	ظ
ز	ط	ش	ى	ن	ا	ق	ف	ش	ح	غ	و	ف	ي	ي	ش
ک	ئ	ح	ص	چ	ن	چ	چ	ط	ي	ا	پ	ش	ص	ح	ع
گ	ش	د	پ	ج	و	ي	خ	چ	چ	آ	ط	و	ن	ل	خ
چ	ص	ى	ک	ئ	ى	چ	ن	ن	ن	ک	ش	ظ	چ	ب	ح
ح	ز	س	ئ	ئ	ه	ذ	ش	ي	ن	ت	ى	ح	گ	ث	ه
ف	و	ر	ى	ه	ژ	گ	ن	ن	و	ا	م	ب	ر	ي	ت
آ	ع	ا	ا	ب	ذ	گ	ب	ظ	م	ئ	غ	ي	ا	م	ف
و	غ	م	ل	ن	م	چ	ه	ب	ن	ش	ه	س	ا	ى	ه
ر	ط	ف	و	ش	س	ا	م	ج	ا	ک	ت	ب	ر	و	ظ
ى	ع	ژ	ج	ک	ل	ص	ه	ع	م	ج	ض	ئ	ب	ق	ت
ل	ا	س	ژ	ى	ى	ص	آ	ن	س	ئ	ئ	ث	م	ت	ث
س	م	غ	گ	ف	خ	ژ	پ	غ	ظ	س	ح	م	ا	ن	ض
چ	ى	ز	ي	ث	ک	غ	ک	ح	ص	ذ	ض	ت	ت	ن	ش
پ	ن	ج	ش	ن	ب	ه	م	ذ	چ	ط	ذ	ل	پ	خ	س
ظ	ر	چ	ه	ا	ر	ش	ن	ب	ه	ف	ض	ض	س	ع	غ

آوریل
اوت
تقویم
فوریه
جمعه
ژانویه
جولای
مارس
دوشنبه
ماه

نوامبر
اکتبر
شنبه
سپتامبر
یکشنبه
پنج شنبه
سه شنبه
چهارشنبه
هفته
سال

8 - Energy

ش	ا	ئ	ض	گ	م	ک	ا	ت	ب	ي	ب	ب	چ	ث	ط
گ	ع	س	ک	چ	ق	ر	ل	ج	ا	آ	ا	ر	ب	ل	ظ
د	ئ	ئ	ا	ط	ط	ب	ک	د	ت	س	غ	ا	ق	ز	ض
گ	ي	آ	س	ث	ر	ن	ت	ى	ر	ج	ت	خ	ي	ى	ظ
آ	ن	ت	ر	و	پ	ي	ر	د	ى	ي	چ	ب	ص	د	ج
ه	ى	ط	ج	ز	پ	ص	و	پ	ه	ى	د	ر	و	ژ	ن
س	ز	ى	گ	ط	س	آ	ن	ذ	ح	ر	ا	ر	ت	م	ت
ت	ن	ح	ف	ک	ک	ف	ط	ى	ف	و	ب	ب	خ	ج	ژ
ه	ب	م	ع	خ	ظ	و	خ	ر	و	س	ظ	ن	و	گ	ح
ا	ن	غ	و	ژ	ع	پ	م	غ	ت	ع	ن	ص	س	ز	س
ى	ع	ح	ب	ت	و	ت	آ	غ	و	س	ظ	ت	ج	ص	ر
گ	س	ي	س	ي	و	ض	و	ي	ن	غ	ع	ب	ب	ع	ي
ژ	ج	ل	ت	ي	ظ	ر	م	ر	آ	ل	و	د	گ	ى	ع
ت	و	ى	غ	ل	ا	ف	ر	غ	ب	ذ	ج	چ	ص	ي	م
ث	خ	گ	ر	ش	ي	ن	غ	ن	ق	ى	ش	ح	ژ	م	ج
م	ض	ت	س	ت	ط	ظ	ح	ض	ط	ژ	ن	ک	ز	ض	ئ

هیدروژن
صنعت
موتور
هسته ای
فوتون
آلودگی
تجدید پذیر
بخار
توربین
باد

باتری
کربن
دیزل
برقی
الکترون
آنتروپي
محیط
سوخت
بنزین
حرارت

9 - Archeology

ط	ا	ج	ژ	ا	ز	ن	آ	ز	ذ	ا	ر	و	ث	ص	ا
ک	ط	ک	گ	ر	ق	ت	ا	ک	ش	ح	ز	ر	ظ	م	ش
آ	پ	پ	ش	ز	ف	م	ش	ی	ژ	خ	ط	خ	ق	ع	ی
چ	ي	ظ	ض	ی	ب	آ	ن	س	خ	ح	ژ	ب	ت	ک	ا
ض	م	ئ	ج	ا	ص	خ	ا	ژ	ي	ی	چ	ی	گ	و	ء
ن	ی	ش	ح	ب	ل	غ	خ	ج	ط	ئ	ق	ب	ث	ظ	ث
م	ش	ی	ض	ی	آ	ج	ت	ر	پ	ه	ق	ي	ح	ر	ی
س	ن	ئ	ظ	ل	ن	م	ه	گ	ل	ض	و	ذ	ع	ا	ل
ح	ا	آ	ت	ح	ل	ی	ل	ح	ح	د	ک	ل	ج	م	ی
د	و	ر	ا	ن	ا	ت	س	ا	ب	ي	آ	ت	ش	ض	س
ب	خ	و	ع	ز	ر	ا	ه	د	ش	ش	و	م	ا	ر	ف
ع	ت	خ	ط	ن	ن	ي	ر	ي	خ	ح	پ	ص	ذ	ی	ل
م	س	ک	ق	ش	د	ئ	ب	ن	ز	ا	ر	و	ز	م	ر
ع	ا	گ	ر	ق	م	ح	ق	ق	پ	ج	ن	م	ش	چ	و
ئ	ز	ا	ق	پ	ت	ق	م	ئ	ر	س	د	ا	ت	س	ا
ز	ک	ق	م	ص	ئ	ث	ي	ک	ل	خ	ث	خ	ظ	آ	چ

قطعات
رمز و راز
اشیاء
استاد
عتیقه
محقق
تیم
معبد
مقبره
ناشناخته

تحلیل
باستان
استخوان
تمدن
نسل
دوران
ارزیابی
کارشناس
فراموش شده
فسیلی

10 - Food #2

ا	چ	ذ	ت	ظ	ب	ک	ي	ف	ف	و	گ	ت	ی	ح	چ
پ	ي	پ	د	ث	ف	ظ	ک	ل	م	ب	ر	و	ک	ل	ی
ز	ذ	گ	و	ج	ه	ف	ر	ن	گ	ی	آ	ي	ک	ي	د
چ	ح	ج	ط	ش	ط	م	و	ا	غ	س	ش	ک	ل	ا	ت
ک	ث	ع	ظ	پ	م	ر	گ	ج	ئ	ذ	ص	ط	ج	گ	ذ
گ	ن	گ	ر	ا	ز	غ	ن	م	د	ن	گ	ب	ج	ع	ل
ق	ی	گ	ت	ب	ل	م	ا	د	ز	و	ث	ث	ش	ل	ح
ا	ذ	ل	ر	د	غ	ا	ع	ا	ر	ب	پ	ژ	ک	ق	ت
ر	ط	ت	ا	ف	ی	ه	ل	ب	ژ	م	ا	ج	ی	ز	ذ
چ	ا	ظ	پ	س	ر	ی	ن	پ	ت	ا	و	ی	و	غ	ذ
ر	ب	ي	ن	پ	م	ن	پ	و	ش	ژ	ت	ز	ی	ا	ک
ک	ر	ف	س	ح	ج	ژ	گ	ل	ت	ا	خ	گ	ئ	چ	ي
ع	و	ف	چ	ق	س	غ	ن	ی	غ	ز	م	گ	ث	ر	ث
ح	ي	ت	چ	غ	ژ	و	ب	ض	چ	ض	م	چ	آ	ي	ذ
ک	ب	ر	ن	ج	ض	پ	ذ	خ	گ	ژ	ر	م	ا	س	ت
ي	ص	ظ	ئ	خ	ن	ا	و	ئ	ظ	پ	غ	ي	س	ک	چ

سیب	بادمجان
کنگر فرنگی	ماهی
موز	انگور
کلم بروکلی	ژامبون
کرفس	کیوی
پنیر	قارچ
گیلاس	برنج
مرغ	گوجه فرنگی
شکلات	گندم
تخم مرغ	ماست

11 - Chemistry

ک	س	ا	ل	و	ئ	ف	ط	ل	ب	آ	ي	ئ	ل	ش	د
آ	ر	ن	س	ز	م	ف	ج	س	ج	گ	ن	ب	ر	ک	ر
ل	ذ	و	پ	ی	ی	ا	ی	ل	ق	خ	ژ	ز	ا	گ	ج
ی	د	ر	م	ک	د	ک	م	ن	ل	خ	و	ي	ی	ژ	ه
ه	س	ت	ه	ا	ی	ر	ت	ت	ر	ا	ر	ح	چ	م	ح
ل	پ	ک	ک	ل	ر	خ	ا	ض	غ	ز	د	س	غ	و	ر
ل	ا	ل	ظ	ي	غ	ث	ئ	خ	خ	ع	ی	ا	م	ش	ا
ص	ک	ا	ت	ا	ل	ی	ز	و	ر	س	ه	ل	ز	ا	ر
ی	ل	د	ت	ذ	ظ	ذ	د	ز	ف	ز	م	ز	ل	ظ	ت
ر	و	ب	ی	ف	ا	آ	و	ک	ئ	ب	خ	م	پ	ث	ن
گ	ک	ن	ي	غ	ف	آ	ج	د	ص	ئ	ز	چ	ت	و	ا
ن	ل	آ	ف	ئ	ع	گ	ک	ب	ر	ن	ر	ي	چ	و	ذ
ي	و	ش	ص	د	پ	آ	و	خ	ز	ص	ک	ي	ل	پ	ز
ک	م	و	ث	ل	و	ط	ذ	س	ک	خ	ا	ض	ش	ن	ج
ح	آ	ض	آ	چ	ب	چ	آ	س	ر	آ	ع	ز	ب	ئ	ر
و	ز	ن	ا	م	ض	ا	ح	ا	ک	س	ی	ژ	ن	ي	ح

اسید
قلیایی
اتمی
کربن
کاتالیزور
کلر
الکترون
آنزیم
گاز
حرارت

هیدروژن
یون
مایع
مولکول
هسته ای
آلی
اکسیژن
نمک
درجه حرارت
وزن

12 - Music

س	ص	ا	و	ن	ص	ح	ک	خ	ض	آ	پ	ف	و	ژ	ق
ز	ن	آ	ز	گ	ع	ز	ش	و	ح	خ	غ	ع	س	ث	آ
ص	ک	ق	ظ	ن	ت	ب	ل	ا	ک	ی	ز	و	م	ي	ض
ط	ک	ل	ا	س	ی	ک	گ	ن	و	ف	و	ر	ک	ی	م
ض	ذ	ع	ه	ع	ش	ی	ر	ن	ا	ر	پ	ا	ا	ل	ق
ع	ب	ژ	ا	چ	ا	م	و	د	ن	و	ا	ز	ن	د	ه
گ	ض	ط	ر	ک	ع	ت	ه	ه	ط	خ	خ	ب	ض	ح	ن
ئ	آ	س	م	ق	ر	ی	ک	ن	م	ل	س	ب	ا	و	ه
ز	ط	ذ	و	ت	ا	ر	ر	ا	گ	آ	ف	گ	چ	ح	ا
ا	ذ	ف	ن	ص	ن	ق	غ	ر	خ	ل	م	ز	ل	د	ر
و	ل	ذ	ی	ن	ه	چ	ک	ت	ق	ب	ط	س	د	ر	م
آ	ک	ت	ا	ی	د	و	ل	م	ل	و	د	م	ظ	ژ	و
ط	ع	ئ	ق	ف	ن	ن	ش	ن	ز	م	ر	ی	ت	م	ن
گ	ي	ع	ق	ا	ر	م	ش	ج	م	م	ف	و	م	ی	ی
ش	ض	د	م	ژ	ط	ض	م	ظ	ر	ق	م	غ	ظ	ج	ک
س	پ	ض	ض	ر	ر	ی	چ	ز	خ	چ	ا	ی	و	د	چ

موزیکال
نوازنده
اپرا
شاعرانه
ضبط
ریتم
ریتمیک
بخوان
خواننده
آواز

آلبوم
تصنیف
گروه کر
کلاسیک
التقاطی
هارمونیک
هارمونی
ترانه
ملودی
میکروفون

13 - Farm #1

ک	آ	آ	خ	ئ	ي	ق	ز	ذ	گ	ر	ب	پ	خ	ک	و
ض	و	آ	ف	ع	ا	ب	ز	م	ا	و	ذ	پ	ن	خ	گ
ر	ض	چ	م	و	ی	ر	ک	ح	و	ا	آ	ظ	ث	ل	ک
گ	ئ	ز	ا	ب	د	ط	و	ز	ن	گ	خ	م	ز	ی	ک
ر	خ	گ	و	س	ا	ل	ه	خ	ی	ک	ظ	ر	گ	ل	ه
ب	ف	ج	س	ق	ش	ق	ب	ص	و	ز	آ	ب	ژ	س	ژ
ه	د	ر	ن	گ	ن	ز	د	ف	ن	ن	خ	ی	ت	ع	ا
ظ	و	ن	غ	غ	ح	س	ج	ژ	ج	ب	چ	ژ	ض	ع	س
ز	ک	ش	ا	و	ر	ز	ی	ب	ه	و	ش	ص	غ	ث	ب
ج	م	ا	ل	غ	ز	ا	ب	ع	ز	ر	ژ	ر	ذ	و	ي
ع	ت	ی	ک	ظ	ز	ق	ا	ز	ر	ع	ز	ض	م	گ	آ
غ	آ	ج	ن	ر	ب	غ	ج	س	س	س	ز	ط	گ	چ	س
ق	د	ت	ا	ه	خ	ح	س	ت	ی	ل	ط	ذ	ئ	آ	ی
س	ش	ا	ز	چ	ک	ق	ظ	ض	پ	ظ	س	ز	ط	ب	گ
ف	گ	ا	ن	ک	ط	ن	ق	ع	ن	ث	گ	ظ	ش	ک	ذ
ل	و	ا	ذ	ه	م	ر	غ	ف	ص	ن	آ	ظ	ج	و	ض

کشاورزی
زنبور عسل
گوساله
گربه
مرغ
گاو
کلاغ
سگ
خر
نرده

کود
زمینه
گله
بز
یونجه
عسل
اسب
برنج
دانه
آب

14 - Camping

ط	چ	ط	ق	ش	ک	ا	ر	ب	خ	ش	ط	ن	ص	ن	ژ
ن	گ	ب	ح	ط	ی	ع	ع	ن	ا	م	ب	ي	ق	ف	ف
ا	و	ی	ظ	چ	ب	ق	غ	ق	ن	ن	ز	ج	ث	ر	آ
ب	ف	ع	ی	ظ	ح	ن	ذ	ش	آ	ش	س	ر	ق	ن	ص
ک	ط	ت	ا	و	ط	گ	م	ه	ت	ی	ر	د	ا	چ	ژ
ب	ل	گ	ن	ج	ج	ت	ظ	ا	ش	ا	گ	ز	د	ف	س
ی	ن	ا	ر	ق	ی	ا	ق	خ	ح	ت	ر	ک	ث	ی	ح
ک	و	ه	ه	گ	س	ص	ر	د	ع	م	م	ن	و	چ	و
ث	ط	ا	ک	ا	ب	ی	ن	ج	ش	ظ	ک	ط	ی	ت	د
ر	ح	م	س	ظ	چ	ئ	ن	و	ا	ث	ن	ب	ل	ئ	ق
ح	ی	و	ا	ن	ا	ت	ک	ن	ب	م	ن	ی	ج	ق	آ
س	ئ	ل	خ	ا	ک	و	ژ	ا	ز	ز	د	خ	د	ز	ي
ذ	ث	ح	ش	ت	س	د	ب	ب	د	غ	ه	ت	ع	ط	ک
آ	د	ص	ز	خ	ش	ي	ر	ف	ح	ن	گ	خ	ش	ح	چ
ح	ش	ر	ه	ر	ص	س	ش	و	ي	ت	ک	ق	د	ئ	ظ
م	ي	گ	ظ	د	ر	ی	ا	چ	ه	آ	ع	ژ	ف	ئ	ب

شکار
حشره
دریاچه
نقشه
ماه
کوه
طبیعت
طناب
چادر
درختان

ماجراجویی
حیوانات
کابین
قایق رانی
قطب نما
آتش
جنگل
سرگرم کننده
بانوج
کلاه

15 - Conservation

ز	خ	ا	ح	آ	ف	ت	ک	ش	ت	آ	ژ	ر	ز	ک	ز
ن	گ	ر	ا	ن	ی	ف	ا	پ	ا	ر	ي	غ	ی	ز	ی
آ	ب	ژ	غ	ب	و	ا	ح	ل	ر	ز	م	ن	س	آ	س
آ	ل	ظ	د	ع	و	ی	گ	م	ی	ل	ق	ا	ت	ب	ت
ل	ض	ی	س	ب	ز	ز	ی	ب	ی	ص	ت	ب	ب	چ	گ
و	و	ت	ي	ر	ا	ا	ی	ز	غ	ج	ح	م	و	ر	ا
د	ع	م	ذ	ئ	غ	ب	ا	ص	ت	ذ	ر	ت	م	خ	ه
گ	ع	ا	ط	ب	ی	ع	ی	ژ	ب	ض	ت	ی	ظ	ه	ژ
ی	ش	ل	چ	م	چ	ج	م	ط	ی	د	ر	ج	غ	آ	ا
ئ	ص	س	و	ی	د	د	ی	چ	ن	ز	ا	ی	ذ	ذ	چ
ی	ع	ث	ج	ظ	ف	گ	ش	ف	خ	ج	د	و	ی	ر	ق
ئ	ج	ف	ق	ژ	ع	س	د	ض	گ	ح	ی	ث	ط	ب	ظ
ا	د	پ	ض	ن	ظ	ژ	ا	م	س	ط	ا	ش	ی	ل	ط
ز	ظ	غ	ص	ا	ک	ط	و	م	ذ	و	پ	ظ	ح	چ	ب
ظ	ش	ا	س	ض	و	ر	م	ا	ز	ض	ط	و	م	ع	ت
ص	ظ	د	م	ز	ئ	ص	آ	د	م	ح	د	پ	ش	م	ن

تغییرات
مواد شیمیایی
اقلیم
نگرانی
چرخه
زیست بوم
تحصیلات
محیطی
سبز
زیستگاه

سلامتی
طبیعی
آلی
آفت کش
آلودگی
بازیافت
پایدار
داوطلب
آب

16 - Algebra

س	ص	ط	آ	ح	غ	ف	چ	د	ی	ق	گ	ا	س	ن	ی
خ	ف	ظ	ک	ئ	ی	گ	ض	ت	س	ش	ظ	ب	ن	ق	ث
ا	ط	س	ش	ذ	ئ	ض	ف	ذ	ن	د	س	ن	ن	م	س
ش	پ	و	ا	ق	ل	م	ا	ع	ا	ک	ا	آ	ب	د	ا
م	ش	ک	ل	د	ح	ظ	ر	گ	د	ب	خ	ش	ج	ک	ا
چ	غ	ق	ي	ک	ه	د	گ	ث	ر	س	ک	ت	ص	و	ب
خ	ص	گ	ف	و	ا	ک	ق	چ	س	ش	ظ	آ	ش	ش	ئ
خ	ط	ی	ص	ط	ر	ط	ر	ز	ت	ن	ا	ر	پ	ق	ث
غ	پ	ه	ل	د	ا	ع	م	د	ف	م	ا	ت	ر	ی	س
د	ث	ا	ق	ح	د	ي	ل	م	ن	ر	ص	ف	ر	ر	ي
ص	ا	ن	ض	س	و	د	ض	ت	ف	ث	م	ب	ذ	ف	د
ق	ئ	ت	س	د	م	ف	ر	غ	ر	ن	ي	و	و	ت	و
د	ذ	م	ث	ش	ن	ی	ی	ی	ب	پ	ج	س	ل	چ	ش
ا	ظ	ا	ط	ق	ن	ح	ه	ر	ا	م	ش	ش	چ	ژ	ل
گ	ز	ن	خ	ژ	ف	ي	ا	د	ذ	ت	ص	ض	ج	ک	س
ظ	خ	ئ	ب	پ	ع	ا	غ	پ	پ	ش	پ	ژ	ا	ز	ر

نمودار
بخش
معادله
نما
عامل
نادرست
فرمول
کسر
گراف
نامتناهی

خطی
ماتریس
شماره
پرانتز
مشکل
ساده کردن
راه حل
تفریق
متغیر
صفر

17 - Numbers

ص	ع	ی	ح	ت	پ	ن	ت	چ	ف	پ	ج	ز	ز	م	و
ع	ن	ه	د	ف	ه	ک	خ	ز	آ	آ	ض	د	چ	ش	ا
پ	و	پ	گ	ج	د	آ	م	گ	گ	ز	ط	ق	ص	خ	خ
ن	ز	ظ	خ	ح	ز	ذ	ش	ی	ر	ی	آ	ص	ق	ا	ل
ق	د	ض	ث	ز	ا	ض	ش	ک	گ	ی	ه	ش	ت	ف	ه
ن	ه	د	ذ	ض	و	ض	ب	ج	ز	ظ	ح	ک	ج	گ	ک
آ	ژ	ع	ا	خ	د	ع	ث	ل	ن	ذ	ط	ک	ن	ذ	چ
چ	ژ	ع	ع	ئ	ظ	ط	آ	ق	ث	ص	ب	س	پ	ه	ذ
ش	ز	پ	ش	ل	ض	د	ز	ذ	ل	چ	ه	ا	ا	ج	گ
ب	ص	ض	ا	ئ	م	و	ر	ا	ه	چ	ن	ر	ک	و	ژ
ر	ب	م	ر	ف	ت	ع	ش	ا	ن	ز	د	ه	ب	ن	ن
ئ	م	ج	ی	س	ه	ض	پ	ش	د	ه	د	ش	ی	ژ	ل
ي	ئ	ب	ن	د	ج	ق	ئ	ه	ی	ق	ظ	ک	س	ت	ص
ک	ئ	ئ	ق	پ	د	ج	ج	ه	د	ز	ی	س	ت	غ	ق
ا	گ	ف	ث	ذ	ه	ش	ض	ط	خ	ف	ا	ج	ک	ط	ی
ت	ا	ک	ش	ع	ث	ذ	ا	ش	ل	ع	ط	ت	ف	ش	ق

اعشاری
هشت
هجده
پانزده
پنج
چهار
چهارده
نه
نوزده
یک

هفت
هفده
شش
شانزده
ده
سیزده
سه
دوازده
بیست
دو

18 - Spices

ش	ث	د	ي	ف	ن	س	ر	و	ب	ر	د	د	ب	گ	پ
ث	ن	و	ئ	ظ	ل	پ	ی	ا	ز	ی	ن	ش	گ	ئ	ق
ل	ی	ب	ج	ن	ز	ف	ب	ب	غ	ک	ر	ن	و	ش	ج
ز	چ	ش	ل	ح	ح	م	ل	پ	ک	ض	گ	ل	چ	ژ	و
پ	ر	پ	ع	ی	ی	ج	ن	ق	ھ	ی	پ	ر	ظ	ت	ز
آ	ا	ف	ز	ف	ل	ب	چ	ح	ر	ک	چ	ع	ظ	ي	ھ
ي	د	ح	ج	ذ	پ	ھ	ک	خ	ی	م	ع	ا	ت	ن	ن
ح	ژ	ي	ک	م	د	ر	د	غ	ز	ن	ز	ط	ا	ت	د
ز	ع	ف	ر	ا	ن	ا	گ	پ	خ	ا	د	ا	ع	ح	ی
خ	پ	خ	ژ	غ	ک	ز	ض	ش	ل	ی	گ	ن	ن	م	ب
ث	ع	ل	ک	ک	غ	ی	ص	ی	ح	ب	ع	س	ح	ا	ب
م	ظ	چ	ز	آ	پ	ا	س	ر	و	ن	ھ	ل	ت	ل	خ
ئ	س	ی	ر	غ	ظ	ن	ص	ی	م	ی	آ	و	ل	ض	چ
ژ	ت	ي	غ	ع	ا	ھ	ل	ن	ع	ر	ک	ا	ر	ی	ت
ع	گ	آ	ر	ق	ج	ق	گ	ر	ژ	ی	و	و	ع	ي	چ
و	ا	ن	ی	ل	ل	ب	گ	ظ	ث	ش	ظ	ض	خ	ک	ق

تلخ
هل
دارچین
میخک
گشنیز
زیره
کاری
رازیانه
شنبلیله
طعم

سیر
زنجبیل
شیرین بیان
جوز هندی
پیاز
فلفل قرمز
زعفران
نمک
شیرین
وانیل

19 - Universe

خ	ظ	ز	گ	ب	ک	ش	ن	ص	د	س	ف	ق	ت	ک	ع
و	ت	و	ل	ا	ئ	ی	ي	ض	آ	ی	ز	ب	پ	ه	ر
ف	ث	ت	غ	ط	چ	گ	ه	ن	ل	ا	ح	ط	ي	ک	ض
ت	ی	ت	ی	و	ر	ل	ب	ا	ق	ر	ا	د	م	ش	ج
س	ت	ا	ر	ه	ش	ن	ا	س	ن	ک	غ	ی	آ	ا	غ
ث	م	خ	ت	ق	و	ط	خ	غ	ث	ی	ط	ث	ح	ن	ر
د	ذ	ت	س	ا	پ	گ	ز	د	آ	س	م	ا	ن	ی	ا
آ	ذ	غ	خ	ه	ر	ک	م	ی	ن	ک	ا	و	ح	د	ف
ا	ن	ق	ل	ا	ب	ی	آ	س	م	ا	ن	ش	ج	ژ	ی
ي	ر	ف	س	م	ا	ت	ک	س	ت	ظ	ل	ا	آ	ن	ا
گ	ظ	ا	ح	د	م	ب	ا	ی	ل	ف	ط	س	ی	س	ی
خ	و	ر	ش	ی	د	ی	ی	ب	س	ذ	ی	ت	و	ج	ی
چ	ظ	ف	خ	ث	س	ذ	د	ث	ک	ن	ز	و	ث	پ	ژ
ع	ح	ج	ي	گ	ي	ئ	و	ز	و	ق	چ	ا	گ	ي	آ
چ	ص	ر	خ	ص	ذ	ئ	ز	ث	پ	ف	ی	گ	ل	ی	ر
ذ	ض	ز	ژ	م	م	ا	آ	س	خ	غ	س	ت	آ	ی	ق

سیارک
ستاره شناس
نجوم
اتمسفر
آسمانی
کیهانی
تاریکی
استوا
کهکشان
نیمکره

افق
عرض جغرافیایی
ماه
مدار
آسمان
خورشیدی
انقلاب
تلسکوپ
قابل رویت
زودیاک

20 - Mammals

ژ	ت	ز	ض	ظ	گ	ژ	ش	ا	ص	ئ	ر	ي	م	ف	ج
ي	ص	و	ى	ى	و	ع	ى	ع	س	ف	ى	ل	گ	ش	د
ع	ع	م	ث	ئ	ر	ش	ر	ش	ک	ب	ا	ک	و	پ	ث
ي	ظ	ت	ت	و	ى	ا	ک	ع	ا	خ	ع	د	س	ج	ژ
ت	چ	ج	ا	ث	ل	م	ش	س	ف	ر	ذ	ل	ف	ع	ص
ي	ش	ظ	ح	ئ	ع	ب	ى	ل	گ	س	ق	ف	ن	ش	ظ
ا	ح	پ	ن	ح	ي	ع	خ	م	ش	آ	ه	ى	د	ت	م
ک	ز	ل	ب	ل	ئ	آ	ن	ظ	و	ث	ب	ن	ا	ج	س
ا	ظ	م	ذ	ق	ر	ب	ه	ل	گ	ن	ر	ى	س	چ	گ
ن	ع	ش	د	ظ	ئ	ر	ن	ذ	ر	س	گ	ن	گ	ع	و
گ	ث	چ	ت	ق	ز	گ	گ	ذ	خ	ث	س	ذ	ى	ص	ث
و	ب	ن	و	ش	ظ	د	ق	ژ	ح	ض	ک	ژ	ذ	خ	پ
ر	گ	ز	ر	ا	ف	ه	ز	ع	ق	آ	ع	ا	ر	چ	ع
و	ر	ن	و	ا	گ	ک	ي	ع	ض	ل	و	ج	ژ	ک	ق
گ	گ	گ	و	ر	خ	ر	ش	ظ	ا	ز	ئ	و	ج	ک	ا
ث	غ	ئ	ج	ص	ب	گ	م	ص	ر	ژ	ى	ر	ز	ص	ئ

گوریل
اسب
کانگورو
شیر
میمون
خرگوش
گوسفند
نهنگ
گرگ
گورخر

خرس
سگ آبی
گاو نر
گربه
کایوت
سگ
دلفین
فیل
فاکس
زرافه

21 - Bees

ک	ن	د	و	ه	ا	گ	ت	س	ی	ز	ز	ل	و	ط	ی
د	و	د	ب	ذ	ا	ر	ت	ک	م	پ	ی	ق	د	ژ	ا
س	ط	ف	ح	خ	ی	د	ط	گ	ز	و	س	ع	ش	ر	غ
ا	ظ	ض	د	پ	م	ه	ر	ش	ح	ذ	ت	ظ	ص	ق	خ
ث	ب	ل	ج	خ	و	ک	ف	م	ض	ص	ب	خ	گ	ق	گ
م	س	ه	ظ	ط	ر	ل	پ	و	پ	ن	و	و	ی	د	ا
آ	ف	و	ج	ی	ص	م	د	ع	ک	ا	م	ت	ا	آ	ص
غ	ر	ی	ب	و	ل	خ	ج	ج	خ	ش	ظ	ث	ه	ض	ط
م	و	م	د	ا	ي	ئ	ش	ز	غ	ف	ز	ش	ا	ز	ئ
ب	د	غ	ض	ف	ل	ج	پ	ئ	ذ	ا	ث	پ	ن	ن	غ
ا	ع	ی	ف	ی	ل	آ	پ	ی	ا	ه	خ	ی	ا	آ	و
غ	د	و	و	س	ط	ح	ز	چ	ژ	د	و	ق	ز	ذ	ض
ي	ف	ز	غ	ب	د	ط	ذ	ق	غ	ر	ر	ق	د	ظ	ش
ي	ط	ب	ل	ح	پ	ق	ص	ی	ئ	گ	ش	ل	ح	ن	د
گ	ب	ل	س	ق	س	س	ل	ر	ن	ع	ی	ی	ا	و	ک
ت	ن	و	ع	ح	خ	ر	ع	ل	ئ	ی	د	ح	م	آ	ظ

مفید
شکوفه
تنوع
زیست بوم
غذا
میوه
باغ
زیستگاه
کندو
عسل

حشره
گیاهان
گرده
گرده افشان
ملکه
دود
خورشید
ازدحام
موم
بال

22 - Weather

ع	غ	ن	ش	ی	س	ژ	گ	ر	د	ب	ا	د	ا	ب	ط
خ	ش	ک	ط	ب	ئ	ز	ب	س	خ	ب	ز	ا	آ	ر	ف
ز	ن	ص	ر	ف	ژ	ز	ظ	گ	ل	م	ط	ب	ج	غ	ی
د	ی	س	س	ت	ي	ی	ر	ن	گ	ی	ن	ک	م	ا	ن
ر	ق	ط	ب	ی	پ	ر	خ	م	چ	ل	س	ت	ن	د	ر
ج	ژ	م	د	ل	د	ی	ذ	ب	ز	ق	و	ف	ن	ا	م
ه	م	ف	ف	ا	ث	س	م	ط	گ	ا	ث	غ	ذ	د	ث
ح	ئ	س	ص	س	س	م	ا	ر	آ	ث	س	س	و	ب	ی
ر	ی	ش	ا	ک	ي	ر	ي	س	ق	ر	ث	پ	گ	ب	غ
ا	گ	ل	ی	ش	ر	گ	ل	ص	ج	ع	پ	خ	م	ب	پ
ر	و	ا	ن	خ	ی	غ	ن	م	ذ	د	ط	و	ف	ا	ن
ت	آ	ش	ا	ئ	د	ژ	ا	پ	ظ	و	ث	غ	غ	د	ی
ب	گ	ف	ن	ن	س	ی	م	ب	م	ب	ج	پ	ي	ي	م
ق	چ	ل	ض	ص	ئ	ا	س	س	ر	ر	ق	ع	ج	ح	ي
پ	م	آ	ق	ض	و	ج	آ	آ	ی	ق	ظ	س	ط	پ	ا
ث	چ	ا	ت	م	س	ف	ر	چ	ث	آ	ط	ر	ش	ث	گ

اتمسفر
نسیم
آرام
اقلیم
ابر
خشکسالی
خشک
سیل
مه
یخ

رعد و برق
قطبی
رنگین کمان
آسمان
طوفان
درجه حرارت
تندر
گردباد
گرمسیری
باد

23 - Adventure

خ	آ	ش	غ	د	پ	خ	ف	آ	ت	و	ئ	ح	چ	پ	س
ل	ل	ا	د	د	ز	آ	م	خ	ی	ا	ئ	ن	ط	ر	ف
و	م	د	ی	ی	ف	ژ	ک	غ	ئ	ن	ت	س	غ	آ	ر
ح	ل	ی	ن	ک	ر	ي	و	غ	ج	ن	ش	پ	چ	ف	ن
ف	ع	ا	ل	ی	ت	و	ق	و	ز	ي	ي	ج	ی	ي	ا
آ	م	ا	د	ه	س	ا	ز	ی	گ	ی	ف	ر	ص	ت	م
ا	ج	د	ی	د	ج	ق	ل	ک	ش	م	ب	ط	ح	ي	ه
ش	ع	ه	و	غ	م	ی	ن	ت	ت	ک	غ	ا	ب	چ	ع
ت	ظ	خ	ت	س	ژ	ظ	ظ	ف	و	و	ی	ض	ی	ز	ط
ی	ف	ک	ع	ی	ت	ي	د	آ	گ	م	ر	ص	ن	ی	چ
ا	و	ض	ا	ذ	ا	ا	غ	د	ذ	م	م	ص	م	چ	ف
ق	گ	ز	ج	ف	د	ب	ن	ع	ا	ق	ع	د	ی	ط	ی
غ	ج	چ	ش	ع	ی	ظ	ی	ل	ر	ص	م	ر	ا	ب	ش
خ	ط	ر	ن	ا	ک	ش	ا	ن	س	د	و	م	ف	ی	ي
ئ	ش	ظ	د	ع	ح	ن	ژ	ع	ر	ن	ل	پ	ز	ع	ژ
ظ	آ	ا	ض	ا	آ	ش	ع	ص	ح	ض	ک	پ	ل	ت	ب

فعالیت
زیبایی
شجاعت
شانس
خطرناک
مقصد
مشکل
اشتیاق
گشت و گذار
دوستان

سفرنامه
شادی
طبیعت
جهت یابی
جدید
فرصت
آماده سازی
ایمنی
غیر معمول

24 - Sport

ب ژ ع ب ت د ت ا ش ز ر و ث ث ع چ
ی ش ز غ ض و ی ي ش ر خ ژ آ ص ی ت
ج ع ذ ي ض چ چ ا ک م ر ض ی ص ش ض
چ ی ي د چ ر ج ا س ت خ و ا ن ي و
ه ش د ک خ خ ژ م ر ب ی س ژ خ ی ژ
پ د خ خ ذ ه ع ذ ر ی ت ژ گ س ت ذ
س د ی گ خ س د ت ن ح م ن د ی و د
ظ ک ت م ب و چ م ک خ ا ک خ و د م
ن د ب ت و ا ن ا ی ی ل ق ف د ه م
ح ض ي و د ر م ق خ آ س ج خ ر ت پ
د ن ث ع ر ی پ ت ب ص د چ ز ا ک ن
ث ئ ب ب ض ک ق س د ق ط ش ب ک ح آ
ر ض آ ش ي ه م ا ن ر ب و ح ش و ف
ن د ر ک ر ث ک ا د ح ل ز ن ز ذ ص
ی ی ا ذ غ م ی ژ ر ی ث ث ق ر ظ خ
ي ی ئ ت ا ل ض ع ک ث ظ ک ظ و ی ح

سلامتی
دویدن
حداکثر کردن
متابولیک
عضلات
تغذیه
برنامه
ورزش
استحکام
کشش

توانایی
ورزشکار
بدن
استخوان
مربی
دوچرخه سواری
رقص
رژیم غذایی
استقامت
هدف

25 - Restaurant #2

ژ	چ	ذ	خ	چ	ب	ي	خ	ي	ص	ش	م	ع	ز	ک	ل
ش	پ	چ	و	ژ	ن	آ	چ	ی	ن	ی	ب	ن	آ	چ	ئ
ع	ف	م	ش	ق	ی	گ	چ	ج	د	ع	پ	و	س	ي	د
س	ا	ش	م	ق	ب	ن	ا	ج	ل	ز	ز	ش	ر	ز	خ
د	ش	ئ	ز	ب	ا	ب	غ	ل	ی	ث	ک	ی	ک	ر	ع
ق	ت	ح	ه	ش	ژ	ش	خ	ط	ه	ی	د	د	ن	م	ک
ت	ا	د	و	ی	ه	ل	ق	ر	ا	ه	ا	ن	و	ت	ئ
ت	خ	ی	ک	ژ	و	ظ	س	پ	م	ش	ل	ی	س	ب	ش
ث	ی	م	س	ر	ی	س	ب	ز	ی	ج	ا	ت	ر	ک	ش
ص	ر	ث	م	ج	م	س	آ	ذ	خ	چ	س	ث	ا	ت	گ
ث	غ	ش	چ	ر	ر	ص	م	ذ	ز	ن	ص	ي	گ	ذ	ت
ش	گ	ر	ئ	د	غ	ق	ظ	ص	ص	گ	ن	ر	ت	ق	ظ
ا	م	ب	م	م	ط	ز	س	خ	ف	ش	م	و	ی	آ	خ
م	س	ف	ص	گ	ب	ف	گ	ظ	ق	ز	س	چ	و	م	س
ز	م	ي	ص	د	ع	ع	ک	ک	ت	ظ	ج	ر	ن	م	چ
خ	خ	آ	ث	ن	ث	ئ	ث	ظ	ژ	ذ	ط	آ	د	ش	ح

ناهار
سالاد
نمک
سوپ
ادویه
قاشق
سبزیجات
گارسون
آب

نوشیدنی
کیک
صندلی
خوشمزه
شام
تخم مرغ
ماهی
چنگال
میوه
یخ

26 - Geology

ل	ط	ق	ف	ذ	س	ح	س	ئ	ش	ذ	ج	د	ظ	م	ض
ط	غ	ز	ت	ر	ا	و	ک	ض	ا	ع	ژ	ژ	و	د	س
ف	ق	ط	ی	م	ز	س	ش	ص	ط	ي	س	ف	ژ	ف	آ
ک	ر	خ	ت	ف	ل	ا	ت	ف	ح	ظ	ن	ص	س	س	س
ل	ا	س	ک	ی	ک	ک	ل	س	ی	م	گ	ق	ر	ی	ر
ش	غ	ب	ا	ذ	م	ل	ف	گ	گ	د	ا	ز	ه	ل	ک
ظ	چ	ش	ل	ی	ن	د	ع	م	د	ا	و	م	ی	ی	گ
ئ	ف	ل	ا	س	ش	ن	ق	ن	ع	پ	خ	ئ	ا	م	چ
ز	ع	س	ت	ت	ع	پ	ل	ا	غ	م	ل	چ	ل	پ	س
ل	ن	ئ	س	ت	ط	ز	ص	ش	ر	د	م	ر	ا	ط	ک
ز	ا	ع	ا	ی	ئ	ظ	ث	ف	ذ	ه	ر	خ	ت	ق	ی
ل	گ	س	ل	د	ن	پ	ق	ش	س	پ	ج	ه	س	ژ	ي
ه	ا	ل	ی	ن	خ	ب	ا	ت	غ	ط	ا	پ	ی	ک	ز
ز	ض	ن	ل	د	ف	ئ	چ	آ	ب	س	ن	ا	ر	و	ج
د	چ	ث	ظ	ا	ع	د	ض	ز	و	د	ر	ذ	ک	ژ	ر
ج	ظ	ن	پ	د	ن	ش	ح	پ	ی	ت	م	ش	د	ح	ش

اسید
کلسیم
غار
قاره
مرجان
کریستال
چرخه
زلزله
فرسایش
فسیلی

گدازه
لایه
مواد معدنی
مذاب
فلات
کوارتز
نمک
استالاکتیت
سنگ
آتشفشان

27 - House

ض	ظ	ح	و	ع	ه	ج	ف	ر	ئ	س	ق	ف	ي	ی	ط
ع	ظ	ذ	ش	ه	ن	ا	خ	ز	پ	ش	آ	ک	ض	پ	ن
ت	ه	د	ر	ن	ی	ر	د	ا	گ	م	ذ	ش	ص	ک	ی
ظ	ن	ح	ا	ی	آ	و	و	ه	ت	ن	ا	م	ل	ب	م
ظ	ا	و	و	م	ف	ک	ش	د	ش	ا	د	ل	ف	غ	ز
ک	خ	ظ	ی	و	آ	ط	آ	ی	ل	ز	ق	گ	ث	ی	ر
ز	ب	ر	د	ش	ن	ج	ز	ل	پ	ر	د	ه	ر	ژ	ی
ق	ا	ل	ض	ا	ک	ط	ق	ک	ج	ي	ظ	پ	ق	ر	ز
ذ	ت	ر	خ	آ	ز	ش	ئ	چ	ب	ا	غ	ع	ظ	س	ش
ن	ک	ذ	غ	ی	ن	ک	ا	ط	ز	ا	ش	ژ	س	د	ر
ا	ظ	چ	ئ	ع	ي	گ	ح	ض	غ	ل	غ	چ	ب	ع	ر
گ	غ	ح	ن	ئ	ی	ک	ث	د	خ	ي	پ	ن	ژ	ض	ا
ا	ظ	ک	ک	ز	ض	ن	ذ	ک	ط	ر	گ	ب	ض	ث	ف
ر	ص	آ	ع	ر	ث	پ	ن	ج	ر	ه	ض	ذ	ب	ن	ت
ا	ا	ص	م	چ	ظ	ذ	ر	ژ	ط	ط	ژ	آ	ث	ک	ل
ژ	چ	و	ز	ب	ض	خ	ت	د	ذ	و	غ	م	و	ئ	پ

زیرزمین
جارو
پرده
درب
نرده
شومینه
کف
مبلمان
گاراژ
باغ
کلیدها
آشپزخانه
لامپ
کتابخانه
آینه
سقف
اتاق
دوش
دیوار
پنجره

28 - Physics

ن گ ش ع ض ث ک ف ع ذ ل ظ ذ ص و ث
گ س ت ر ش ث و غ ب ژ ا ظ ر ث ر س
ک گ ا ز ج ح ذ ج چ ح ث م ب ن چ ق
ج و ب غ ق ف ح ت ي پ خ د ژ و و گ
ر ا و ف ي غ ح ط ذ ض ا ئ ا ع ع ض
م پ ش ی ا ه ت س ه ا ح ط و ج خ ی
ف پ آ ل ن ع ت ر ا ک م گ ئ ع ث ب
س ی ط ا ن غ م غ چ و و و ئ ژ ص ذ
ن ق ت ذ ب ض ت ذ ل ب ص ظ ظ ج ر ی
ا ا ر و ش ب ح ک خ ا ل ک ت ر و ن
ک ه و س ن ز و ز ذ ر ح ح ف ف س ا
ر د ت ر د ل ص م ذ ع ل ن ت ب ش ه
ف و و ع ل و م ر ف م ت ا ی ش خ ج
ظ ژ م ت ی ی ا ی م ی ش ت ظ ک ی ک
ش ک ی ن ا ک م ح چ و ز ن گ چ چ گ
چ ت ا ص ق ح ی ر غ ف ا ک ئ ن ی ن

شتاب
اتم
آشوب
شیمیایی
تراکم
الکترون
موتور
گسترش
فرمول
فرکانس

گاز
مغناطیس
جرم
مکانیک
مولکول
هسته ای
ذره
نسبیت
جهانی
سرعت

29 - Dance

ک	ژ	آ	گ	گ	ف	ظ	ب	گ	ب	ز	ض	خ	ر	ض	ش
ح	ص	ق	ر	س	م	و	ط	و	ف	ا	ت	ز	د	ح	ث
غ	ل	ا	ی	ق	ی	س	و	م	پ	ر	ش	ن	ر	ک	ص
ر	ن	پ	س	و	ا	ا	چ	ر	خ	ث	آ	ه	ي	ظ	ص
ظ	خ	ئ	م	ر	ذ	پ	ی	چ	ت	ئ	ک	ن	ش	غ	ح
و	ع	ب	ح	ر	م	ر	ق	ز	ث	ق	ا	ر	ر	س	س
ا	ح	س	ا	س	ا	ت	ی	ع	ض	و	د	غ	ی	ح	ن
ت	ج	ب	ئ	م	س	ل	ک	ت	آ	ع	م	ي	ک	گ	ت
ذ	ن	ی	ر	م	ت	ئ	ج	ی	م	ع	ی	ب	ی	ک	ی
ص	ب	د	آ	ظ	ز	ع	د	و	گ	ح	ب	ن	س	ص	س
س	ش	س	ب	ف	ر	ه	ن	گ	ی	ق	ز	ط	ا	ن	خ
ض	ح	س	ع	ز	ا	ش	ک	ی	ب	ش	س	ق	ل	ز	پ
ژ	ظ	ث	ذ	ق	ق	ا	ج	ف	ر	ه	ن	گ	ک	ف	گ
آ	د	ج	ج	ي	س	د	د	ل	ر	ح	ح	ر	ج	ر	ط
ث	ي	پ	ق	ظ	ت	ی	ض	چ	ا	د	ز	ب	ص	ر	ی
ق	ض	گ	ض	ا	ض	ق	ج	ش	ئ	ق	م	ح	ع	ب	ث

آکادمی
هنر
بدن
رقص
کلاسیک
فرهنگی
فرهنگ
احساسات
رسا
گریس

شاد
پرش
جنبش
موسیقی
شریک
وضعیت
تمرین
ریتم
سنتی
بصری

30 - Coffee

ل	ض	ظ	ک	ش	د	آ	ز	غ	ش	ي	س	پ	س	خ	ن
ن	و	ش	ی	د	ن	ی	س	ب	ی	ش	ظ	خ	پ	و	و
ز	گ	آ	ق	ی	م	ت	پ	ی	ر	ت	ل	ی	ف	ق	ص
س	پ	ی	ق	ن	ا	ض	خ	آ	ا	ض	ج	گ	پ	ت	ض
د	ظ	غ	خ	ئ	ج	ک	ل	د	ژ	ب	ح	ت	ی	ظ	ح
ظ	ج	ا	س	ی	د	ی	ت	ن	و	ع	ک	ش	ز	ا	ي
آ	ی	ف	ک	ن	ض	ن	س	چ	ي	ب	ي	ر	ق	ض	ن
ب	غ	غ	ص	ک	ت	ح	ق	ی	ي	ج	ض	ط	د	ع	ع
ق	و	ل	ث	ر	ذ	ز	ع	ل	ا	م	ی	ع	م	ن	گ
م	ا	ی	ع	م	ف	ظ	م	ز	آ	ه	ظ	ژ	خ	ق	ب
ع	ژ	ئ	و	ک	ا	ف	ئ	ی	ن	پ	ر	ج	ئ	ج	ئ
ط	پ	چ	ل	و	ج	ک	ئ	م	ق	ق	ئ	پ	خ	ع	پ
ز	ش	ژ	پ	پ	ض	ژ	ر	و	ث	ج	م	ص	ص	ب	ح
ص	ی	ص	پ	و	پ	ث	ص	چ	پ	ش	س	ئ	و	ق	پ
و	پ	پ	ض	س	آ	ح	آ	ش	ص	ع	گ	غ	ز	و	ث
ي	ق	ض	س	ع	ج	ذ	ق	ع	ض	ش	س	گ	ژ	ص	پ

طعم
آسیاب کردن
مایع
شیر
صبح
قیمت
قند
تنوع
آب

اسیدی
عطر
نوشیدنی
تلخ
سیاه
کافئین
کرم
جام
فیلتر

31 - Colors

ق	غ	ل	ش	م	ت	ئ	ن	ی	ئ	پ	ع	ث	پ	پ	ف
ه	ح	ي	ع	ل	ا	ا	ق	ا	ر	غ	و	ا	ن	ی	ئ
و	ئ	گ	س	ي	ر	آ	ر	م	پ	و	س	ی	ر	ت	ج
ه	ج	م	ن	ن	ل	ج	م	ب	ب	ر	ا	و	ن	ر	ذ
ا	ئ	ک	ج	ص	د	خ	ز	آ	ل	ي	ز	ذ	ک	و	ز
ی	ش	ی	ه	ا	ی	س	ب	پ	ج	ه	ب	ژ	ط	ص	ل
ژ	غ	ظ	آ	ذ	ف	ی	چ	ئ	ا	ح	س	م	ذ	ش	ا
ز	ب	ئ	و	ز	س	ل	د	ی	ب	ی	غ	ن	غ	ظ	ج
پ	آ	ل	س	ر	ث	ی	ر	ا	ت	ج	ع	خ	ی	ط	و
ط	ب	ن	ف	ش	ذ	ن	خ	چ	غ	ر	پ	ض	پ	ث	ر
ژ	ل	ی	ر	ک	ع	گ	ر	ا	ض	ص	غ	ت	ز	ر	د
ئ	و	ف	ض	ی	خ	ش	و	ق	ذ	ب	ن	ض	ل	ل	ی
ن	ذ	ث	ث	گ	پ	ب	غ	ر	ل	ظ	و	گ	ک	ک	ذ
ر	خ	ق	ت	ا	پ	پ	ا	ل	ص	ط	ت	ا	ت	و	آ
ض	ن	و	ا	ض	ل	آ	ک	ن	ی	ر	ت	س	ک	ا	خ
ح	ژ	آ	ز	ئ	پ	ث	گ	چ	ب	ذ	ت	ف	س	غ	آ

نیلی
ارغوانی
نارنجی
صورتی
بنفش
قرمز
قهوه ای
سفید
زرد

لاجوردی
بژ
سیاه
آبی
براون
زرشکی
فیروزه ای
سبز
خاکستری

32 - Shapes

س	ا	ن	ث	ق	ط	خ	ط	ک	ع	خ	ق	پ	ب	ل	ذ
و	ن	ف	س	ف	و	ک	ک	ب	ج	ل	ز	ص	ث	ژ	ذ
و	ح	چ	آ	آ	ظ	ر	ت	ش	ع	چ	س	س	پ	ذ	ق
آ	ئ	ف	ی	ن	ع	ف	ب	غ	ض	آ	و	ئ	ا	ف	ی
ف	آ	ف	گ	ف	ک	ت	م	س	ر	و	ش	ن	م	م	د
ث	د	گ	ط	چ	گ	ت	م	ص	ع	ب	ر	م	س	ئ	ط
چ	ئ	خ	ظ	ط	ث	ی	ض	ی	ب	ص	ي	ت	گ	م	چ
ن	ه	ا	ب	ی	ق	ح	م	خ	ر	و	ط	ئ	ن	ر	س
د	ذ	ن	ا	م	ک	ص	غ	ب	خ	ی	چ	ح	غ	ه	گ
ض	ل	پ	و	پ	خ	ب	ث	ط	ل	ت	ن	ث	گ	ر	ث
ل	و	ح	غ	ر	د	ن	ل	ی	س	ی	ی	ی	ض	ی	آ
ع	ل	چ	خ	ض	ر	س	ث	ه	ر	ک	ب	پ	ک	ا	ف
ی	ی	ب	د	ژ	گ	د	م	م	و	م	خ	ا	ي	د	ل
ن	ق	ی	ن	ظ	د	ج	س	ب	ع	ک	م	ه	ش	و	گ
چ	د	گ	و	م	ث	ج	س	ن	گ	ژ	ف	گ	ژ	ی	ا
ر	ث	ر	ش	ی	م	ذ	خ	ژ	گ	ف	ث	ف	ف	ص	م

کمان
دایره
مخروط
گوشه
مکعب
منحنی
سیلندر
بیضی
هذلولی
خط

چند ضلعی
منشور
هرم
مستطیل
گرد
سمت
کره
مربع
مثلث

33 - Scientific Disciplines

ز	ب	پ	م	ک	ی	ن	ا	ک	م	ح	ر	ض	ر	غ	ج
م	ی	ا	ش	ی	م	ی	ع	ش	ی	م	ی	ش	و	ی	ب
ی	آ	ج	س	آ	و	ح	ص	ض	پ	پ	س	س	ک	ق	ص
ن	د	ر	ئ	ت	ت	غ	ا	ت	ن	ح	ا	ح	ی	ف	ث
ش	آ	خ	ا	ط	ا	ث	ب	ي	ظ	آ	ن	ث	م	ی	ج
ن	ض	آ	ا	ظ	ن	ن	گ	ی	ا	ه	ش	ن	ا	س	ی
ا	ل	ژ	ی	غ	آ	ح	ش	ق	ی	چ	ی	ح	ن	ا	س
س	آ	آ	ح	و	چ	ر	م	ن	س	م	ن	ر	ی	ن	ا
ی	ژ	و	ل	و	ن	و	م	ی	ا	غ	ا	ک	د	ش	ن
ر	و	ا	ن	ش	ن	ا	س	ی	ن	س	ک	ت	و	ه	ش
ز	ی	س	ت	ش	ن	ا	س	ی	ش	و	ی	ش	م	ع	م
ط	ج	ی	ئ	ع	و	ي	ظ	ئ	ن	د	غ	ن	ر	م	و
ف	ی	ز	ی	و	ل	و	ژ	ی	ا	س	ظ	ا	ت	ا	ب
و	خ	گ	ع	ق	م	ت	پ	ث	ب	و	ل	س	ف	ج	ي
ن	ج	و	م	گ	ت	ل	ش	و	ز	ب	د	ی	ع	ل	ل
ي	ي	ج	ا	ن	و	ر	ش	ن	ا	س	ی	ا	ر	ت	ط

آناتومی
باستان شناسی
نجوم
بیوشیمی
زیست شناسی
گیاه شناسی
شیمی
بوم شناسی
زمین شناسی
ایمونولوژی

حرکت شناسی
زبانشناسی
مکانیک
کانی شناسی
اعصاب
فیزیولوژی
روانشناسی
جامعه شناسی
ترمودینامیک
جانورشناسی

34 - Science

ه	ب	ذ	ا	ج	ک	ز	ي	ا	ا	چ	ر	س	ي	ن	و
ش	ب	ر	ح	م	ق	چ	پ	ک	ژ	ظ	س	خ	ص	د	ف
ه	د	ا	د	ر	د	و	ت	ش	ن	پ	خ	ف	ش	ظ	ر
ا	ک	ت	ف	گ	ت	و	ر	ه	ی	ع	گ	ظ	آ	و	ن
ت	ر	ض	ف	ث	آ	ز	م	ا	ی	ش	خ	ض	ذ	ئ	ظ
م	ک	گ	و	ی	ج	ا	غ	گ	ا	م	ت	ا	ي	ح	ح
و	ذ	ا	ا	ن	ز	س	ظ	ش	ی	و	ف	س	ی	ل	ی
ا	ط	ش	م	ن	ج	ی	ز	ی	م	ل	ط	ب	ی	ع	ت
د	ا	ت	ی	ل	ی	ش	ک	ا	ی	ک	ذ	ط	س	س	ی
م	م	ذ	ل	ئ	ن	س	س	م	ش	و	ر	ج	ش	د	ف
ع	ت	ظ	ق	پ	آ	ی	م	ز	ب	ل	ح	ق	ی	ق	ت
د	ر	ص	ا	ظ	آ	ح	ي	آ	ث	ه	ی	ض	ر	ف	ي
ن	ا	ه	ا	ی	گ	ي	ج	گ	ژ	ا	ز	م	ف	ل	ب
ی	د	ا	ن	ش	م	ن	د	م	ز	ئ	چ	ل	ب	د	ع
ذ	ژ	ح	و	ظ	ر	ح	ژ	خ	م	ن	ژ	ج	و	ت	م
خ	چ	ذ	ع	خ	ل	ک	ف	ا	س	ع	م	پ	ش	پ	چ

اتم
شیمیایی
اقلیم
داده
تکامل
آزمایش
حقیقت
فسیلی
جاذبه
فرضیه

آزمایشگاه
روش
مواد معدنی
مولکول ها
طبیعت
ارگانیسم
ذرات
فیزیک
گیاهان
دانشمند

35 - Beauty

ل	ب	ش	م	ک	ل	خ	د	م	ا	ت	آ	گ	ج	و	ب
چ	و	ت	ل	ز	ش	ح	و	ی	ت	ب	ض	ی	غ	د	ژ
ص	پ	ا	گ	چ	ط	ب	ن	ی	ز	ض	ئ	و	ن	ژ	غ
غ	م	ل	ز	ظ	ش	پ	ن	ذ	ر	و	ظ	ب	غ	ه	ر
ف	ا	و	م	م	گ	ر	ی	س	ن	ز	ب	ح	د	ح	س
ض	ش	ص	ر	ف	آ	غ	م	چ	گ	ن	ر	ظ	ر	ی	ق
ث	ا	ح	م	و	ي	ر	ذ	م	ع	گ	و	م	غ	ا	چ
ئ	ی	م	چ	ح	غ	غ	ا	ک	ب	س	آ	ن	ط	ر	ج
ع	ط	ر	آ	ص	غ	ن	ر	ی	ط	ژ	ف	گ	چ	گ	ئ
ب	ن	ی	ظ	د	ز	س	ژ	ن	ش	د	ر	ف	ب	ف	ت
م	ک	ح	ي	ی	ی	ص	ل	ژ	گ	ی	ی	ط	ج	ر	ا
غ	ج	ظ	ن	ذ	ب	ذ	ب	و	ک	ط	ک	آ	د	ن	ف
س	ا	ش	ط	س	ا	ق	ب	ت	ق	ی	ر	پ	ن	پ	س
ب	ز	م	ط	ح	ظ	ی	ج	ف	ف	ح	و	پ	ي	و	و
آ	ر	ا	ی	ش	ذ	چ	گ	ز	ط	ذ	م	ش	ظ	س	ن
ظ	ر	ا	ف	ت	ط	ی	ط	ي	ض	آ	س	ر	ع	ت	ض

افسون
رنگ
لوازم آرایشی
فر
ظرافت
زیبا
عطر
گریس
رژ لب
آرایش

آینه
روغن
فتوژنیک
محصولات
رایحه
قیچی
خدمات
شامپو
پوست
سبک

36 - To Fill

ج	ژ	ن	ث	آ	خ	ج	ض	ح	ز	ض	ض	ا	ص	ر	چ
گ	ع	ت	ف	س	س	ث	ئ	و	ل	م	ق	و	چ	ب	ش
ژ	ش	ع	م	ز	ح	ح	ج	ض	ح	ع	ت	ز	ط	آ	خ
پ	ف	ط	ر	ج	و	ح	ظ	ه	ت	س	ب	ب	پ	ذ	ا
ک	ح	ن	ل	آ	ر	چ	س	چ	پ	ع	ط	ک	ئ	ی	غ
د	ص	ث	ک	ض	م	ت	ب	ی	ج	و	ن	ل	د	ث	ق
پ	و	ش	ه	ب	ع	ج	د	ن	ت	ر	ا	ک	ظ	ز	ض
ک	ی	س	ه	ل	ع	ت	ح	ی	غ	ث	د	ن	ئ	آ	ش
ئ	ب	ژ	د	و	ی	ض	ظ	س	ق	ک	ل	ا	ظ	چ	پ
ل	ی	ر	ض	ل	گ	ص	د	چ	ط	ح	گ	د	ظ	گ	م
ز	ئ	ط	ق	ه	ت	ز	م	ث	د	ي	و	م	چ	ع	ح
خ	ر	ر	ي	ظ	ک	ذ	ژ	ب	ن	ط	چ	چ	ک	ظ	ي
م	و	ق	ظ	ض	ا	ش	ا	ط	خ	ج	م	ش	ش	ث	ا
ک	ش	ت	ی	ث	پ	ذ	ب	ر	و	ژ	ض	ت	و	و	ق
ح	غ	آ	ع	ش	ی	ش	ه	ی	غ	ح	ث	ی	ص	ژ	ح
ي	ژ	ب	ن	ذ	غ	ج	ل	ب	م	د	غ	ل	ص	گ	ث

کیسه
بشکه
حوضه
سبد
بطری
جعبه
سطل
کارتن
کشو
پاکت
پوشه
شیشه
بسته
جیب
چمدان
سینی
وان
لوله
گلدان
کشتی

37 - Clothes

ب	ا	ر	و	ج	ق	ز	د	گ	د	س	ت	ب	ن	د	م
م	ل	د	ن	ص	ا	ق	ش	ر	ک	م	ر	ب	ن	د	د
ق	گ	و	ژ	خ	ظ	آ	ف	د	ث	ژ	گ	ق	م	س	و
ک	ت	ر	ز	ص	غ	ئ	ت	ن	ث	ل	ص	آ	ا	ض	ذ
ت	ک	ط	ع	ح	ث	ک	پ	ب	ي	ن	د	د	د	غ	ش
آ	ا	ا	ظ	ن	ئ	ل	ب	ن	ق	ک	ظ	ض	گ	ج	غ
ج	ژ	ن	ژ	ج	پ	ا	م	د	ث	ل	ع	چ	ش	ج	ح
ي	ح	آ	ح	ع	ذ	ه	ئ	ع	ح	ب	ث	ذ	ق	ا	گ
ز	ذ	م	چ	ف	س	ز	م	ص	ر	ا	و	ل	ش	خ	گ
گ	ع	ل	ب	ا	س	م	ق	ز	آ	س	ل	د	ک	ع	ژ
خ	آ	د	ح	ک	د	پ	ش	ط	ذ	خ	ج	ق	ت	و	ي
آ	گ	ض	ث	و	گ	پ	ی	ر	س	و	ر	ط	س	ص	ف
ش	ل	و	ا	ر	ج	ی	ن	ر	ق	ا	آ	ش	د	ذ	و
ن	ن	غ	ک	ف	ف	ر	ظ	ژ	ا	ب	ح	ی	ض	چ	ژ
ق	آ	ا	ئ	ف	آ	ا	ز	ی	خ	ه	ط	غ	ی	ظ	ک
گ	خ	ث	ع	و	ش	ح	ف	ب	ص	ل	ن	د	و	و	چ

گردنبند
لباس خواب
شلوار
صندل
روسری
پیراهن
کفش
دامن
جوراب
ژاکت

صحن
کمربند
بلوز
دستبند
کت
لباس
مد
دستکش
کلاه
شلوار جین

38 - Ethics

آ	غ	م	ی	خ	ه	ف	س	ل	ف	پ	ژ	ع	ص	غ	ف
ت	ص	ه	ک	ی	آ	ا	ي	ئ	ک	ف	د	ع	ض	ئ	د
ظ	چ	ر	پ	ر	ل	و	ا	ق	ع	گ	ر	ا	ی	ی	ق
ف	ص	ب	ا	خ	ی	ت	س	و	د	ع	و	ن	پ	ل	آ
ش	ئ	ا	ر	و	ر	ض	ر	ي	ی	ئ	ض	ل	ي	ص	ی
ع	ج	ن	چ		ا	ا	ح	ت	ر	ا	م	ئ	م	ر	غ
ت	ج	ی	گ	ه	ک	ت	ع	ق	ل	ا	ن	ی	ت	ک	ل
ش	ذ	ن	ی	چ	م	ح	غ	ب	ت	گ	خ	ب	ر	ش	ژ
ئ	غ	ی	م	ئ	ه	م	ق	ی	ق	و	ز	ا	ض	ظ	س
پ	پ	ب	پ	ح	ئ	ل	ک	ی	ف	ی	م	م	ی	ز	م
ح	ح	ش	ت	ق	ا	د	ص	ا	ش	ت	ل	و	ق	ع	م
خ	ک	و	ع	ش	ر	ز	پ	ر	ژ	غ	ا	پ	ب	ب	ج
ژ	م	خ	ط	غ	ظ	ط	ص	گ	ذ	ض	خ	ش	ح	ز	م
ش	ت	س	آ	ض	ص	ذ	ن	د	خ	ق	ر	و	ن	ب	ص
خ	چ	ض	ک	ن	ک	خ	ج	ر	غ	ی	ر	ب	ص	ع	د
خ	ج	ع	خ	گ	ط	ا	ي	ف	ت	ز	ئ	ش	ي	ت	س

مهربانی
خوش بینی
صبر
فلسفه
عقلانیت
واقع گرایی
معقول
احترام
تحمل
حکمت

نوع دوستی
خیرخواه
شفقت
همکاری
کرامت
دیپلماتیک
صداقت
بشریت
فردگرایی
یکپارچگی

39 - Astronomy

م ر ب ر ث ح ذ س ا ن ش ه ر ا ت س
ا ذ ی گ گ د ل ذ س ی ا ر ه ا د د
ه ن د و ک ر ا ی س م ج ی چ ج ف ز
و ط ش د ح و د پ خ ز ي د ک ل ی ع
ا آ س م ا ن ت ر ت خ ا و ن ر ب ا
ر ف ا س ط ا ع ز ح ع ک ا ث ک ا ک
ه ذ ی ع ض ض ا پ ب ظ ه ي ب م ه ش
ن ش ب ا ت ف ف ت ص ی م ي ب ک ش پ
ا س ا ض ق ع س ژ ک غ ئ ز ش ص ر ق
خ ي ح ث م ت ق آ ئ غ ف ا ک ل ظ ل
د خ س ي ن ز ج ذ ث ف ن ز خ ز ژ ر
ص ن ت ض ي ب ص ع ح م ج و غ ذ آ ب
ر ی ک ل ف ت ر و ص و ژ د ف و س ک
ب ف ج د ش ز و ص ت ش گ ی غ ق ز ذ
ش ک ر ض ت م ض ز ز ک ی ا غ ش آ ک
م ژ ن ح ث ث ت ی س ا د ک ر ل د ب

سیارک
فضانورد
ستاره شناس
صورت فلکی
کیهان
زمین
کسوف
اعتدال
کهکشان
شهاب

ماه
سحابی
رصدخانه
سیاره
تابش
موشک
ماهواره
آسمان
ابرنواختر
زودیاک

40 - Health and Wellness #2

ن	ر	و	ا	م	ا	ئ	ط	ع	ر	ک	ا	چ	و	ع	ن
ی	ج	ل	ن	ز	ا	ث	ش	غ	ز	ا	ل	ا	غ	ف	ذ
ي	ژ	ذ	ر	ر	ل	س	ش	ط	ا	ل	م	ا	ب	و	ح
آ	ش	ش	ژ	ظ	ذ	ژ	ا	ا	ر	ر	ث	ث	ه	ن	ف
ب	خ	و	ی	خ	س	ل	ت	ژ	ي	ی	س	ف	د	ت	م
ی	ظ	چ	ل	ژ	ل	خ	ن	ق	ت	ب	ا	ع	ا	ض	ر
م	ی	ی	ا	ذ	غ	م	ی	ژ	ر	ا	ش	ف	ش	چ	ص
ا	ح	چ	ش	ش	ع	آ	و	ذ	ي	م	ل	ذ	ت	ط	ز
ر	و	ی	ت	ئ	ا	غ	ب	ا	ز	ی	ا	ب	ی	ژ	آ
س	ز	ئ	ه	غ	ژ	ن	ت	ی	ک	م	ح	چ	ض	ز	ژ
ت	ذ	آ	ا	س	د	ه	ی	ذ	غ	ت	آ	ل	ر	ژ	ی
ا	آ	ر	ا	ط	ث	ز	ی	م	و	ت	ا	ن	آ	پ	م
ن	ی	خ	ف	ع	خ	ز	ي	و	ا	س	ک	ز	ث	گ	ق
ب	ی	م	ا	ر	ی	و	ک	ئ	ژ	ت	س	و	ر	پ	ظ
س	ا	ل	م	آ	ت	ع	ن	ن	د	ب	ی	ب	آ	م	ک
و	ص	گ	س	ظ	م	ا	ی	ا	ع	خ	ب	و	ص	ت	غ

آلرژی
آناتومی
اشتها
خون
کالری
کم آبی بدن
رژیم غذایی
بیماری
انرژی
ژنتیک
سالم
بیمارستان
بهداشت
عفونت
ماساژ
تغذیه
بازیابی
فشار
ویتامین
وزن

41 - Disease

ا	ل	آ	ا	ب	ذ	م	ق	ش	ف	ج	ي	د	خ	س	ض
ث	ر	ل	ل	د	گ	آ	ل	ق	ظ	م	ا	ن	ق	ن	خ
ج	ی	ر	ت	ن	غ	ي	ب	ص	م	ز	س	ض	ث	و	ج
ل	و	ژ	ه	ث	خ	ط	م	س	ذ	د	ت	ی	ث	ر	ا
م	ی	ی	ا	ی	ر	ت	ک	ا	ب	ژ	خ	ت	ر	گ	ق
ر	ز	خ	ب	س	ث	ق	گ	ب	ئ	پ	و	ا	آ	ا	ر
ر	ق	م	ژ	ف	ل	پ	م	ح	ل	ل	ا	پ	ق	ی	آ
ط	ث	ش	ن	ن	ي	پ	ق	غ	ئ	غ	ن	و	ژ	ر	ک
د	ک	ن	ک	ت	ت	ض	ع	ی	ف	م	س	ر	ی	ص	ح
م	ر	ر	م	ل	س	ی	ژ	ع	ش	س	ن	و	ت	ل	ل
ق	ج	م	ر	ظ	پ	ئ	ک	س	ذ	ي	ی	ن	م	ی	ا
ث	ض	ر	ا	پ	د	خ	ض	ی	ز	ق	ف	ن	ا	ژ	ي
ظ	ف	چ	ط	ن	س	ح	ح	خ	ر	ن	ذ	ی	ل	س	ل
م	آ	ذ	ب	ض	غ	س	ص	ژ	ض	ی	خ	ج	س	ا	ز
ت	گ	ث	ک	ت	ج	ج	ژ	ز	غ	غ	ئ	پ	ش	ک	م
س	ن	د	ر	م	ج	غ	خ	ل	ا	ش	ش	ظ	ح	غ	ق

شکم
آلرژی
باکتریایی
بدن
استخوان
مزمن
مسری
ژنتیکی
سلامتی
قلب

ارثی
ایمنی
التهاب
کمر
نوروپاتی
ریوی
تنفسی
سندرم
درمان
ضعیف

42 - Time

ل	پ	س	ذ	پ	ث	ق	ض	ز	ض	ا	ش	د	ل	ت	ر
س	م	غ	ن	ي	ت	ي	ح	ظ	ب	ض	ژ	ق	م	ی	و
د	و	خ	گ	آ	و	ز	ش	ح	ئ	ک	ص	ی	و	ف	ز
س	ع	ک	م	ذ	س	ش	س	ح	ر	ص	خ	ق	غ	گ	ا
ق	ئ	ظ	گ	ح	س	ص	ژ	ت	ح	ئ	ز	ه	ذ	آ	ل
د	خ	ا	ا	ک	ن	و	ن	غ	ش	ژ	ق	ه	ح	گ	ب
ش	ن	ئ	ز	ا	ظ	گ	ژ	ل	ف	ع	ک	د	ت	ژ	ق
ع	چ	ج	ه	ف	ت	ه	ن	ا	ل	ا	س	ب	ق	پ	ج
د	ئ	ص	ر	ت	ع	د	خ	س	ئ	ژ	ا	ه	ر	ه	ظ
ن	ض	ل	ج	ئ	ا	ن	ز	و	د	خ	و	ز	ن	ک	ت
ع	چ	ا	ظ	م	س	ی	س	ل	ض	ئ	ی	و	ب	ق	ق
و	ب	ج	م	ک	ا	آ	ژ	س	گ	ف	چ	د	چ	پ	و
ی	ک	ج	ت	ر	ط	ه	ف	ا	چ	ص	س	ی	ب	ر	ی
ئ	ض	ط	ق	ن	و	س	ع	غ	ز	ذ	ش	ح	م	گ	م
د	د	ل	ژ	ح	گ	ز	د	ی	ر	و	ز	ب	ئ	ظ	ذ
ژ	چ	خ	ت	ت	س	ظ	ح	ي	ا	ی	ل	ص	ی	ح	س

سالانه	ماه
قبل از	صبح
تقویم	شب
قرن	ظهر
روز	اکنون
دهه	به زودی
زود	امروز
آینده	هفته
ساعت	سال
دقیقه	دیروز

43 - Buildings

ق	ق	ی	ت	ا	د	ج	د	ق	ل	ع	ه	پ	ژ	ش	د
ش	ل	ش	گ	ش	ن	ه	ح	ت	ت	د	م	ج	ط	ک	ح
پ	چ	ژ	ي	ت	م	ا	د	ز	ه	ی	و	ي	ل	ج	ف
ت	چ	ا	ط	ه	ا	گ	ش	ز	ر	و	ز	ی	ل	ر	ب
د	ا	پ	ر	ا	ی	ش	آ	ع	ه	ع	ه	گ	آ	ئ	م
ب	ا	خ	ن	گ	ش	ن	ر	پ	ن	چ	ک	ز	ذ	ن	ض
ر	ص	ق	ق	ش	ز	ا	ق	خ	ا	م	ن	ی	س	و	ت
ج	خ	خ	ص	ی	گ	د	غ	و	خ	ر	ر	آ	س	ت	ج
ک	غ	ژ	ل	ا	ا	ل	ظ	ا	ر	ن	ت	ر	ا	ف	س
ط	ا	ع	ژ	م	ن	ط	ح	ب	ا	ث	چ	م	پ	ق	ظ
غ	ا	ب	ي	ز	ب	ج	ط	گ	ک	چ	ب	چ	ا	ش	ف
ق	چ	غ	ی	آ	ا	س	غ	ا	چ	ا	د	ر	ف	ن	ط
غ	ث	ط	ت	ن	ر	آ	ش	ه	س	ر	د	م	ک	خ	ب
س	و	پ	ر	م	ا	ر	ک	ت	ر	ص	د	خ	ا	ن	ه
غ	ب	ی	م	ا	ر	س	ت	ا	ن	ظ	ر	آ	ظ	ت	ض
آ	ض	ج	ص	ز	چ	ج	د	م	ز	ح	ظ	ئ	ب	ش	ک

آپارتمان
انبار
کابین
قلعه
سینما
سفارت
کارخانه
بیمارستان
خوابگاه
هتل

آزمایشگاه
موزه
رصدخانه
مدرسه
ورزشگاه
سوپرمارکت
چادر
نمایش
برج
دانشگاه

44 - Herbalism

ژ ع ذ غ ت ر خ و ن ک پ ح ذ ژ گ ص
ق ن ن ا ر ف ع ز ا ئ ع آ ي ظ گ ظ
م ف ي ب ی ذ س ع ح ر س س ح ل ی خ
ف پ و ن ه ک و ه ی ا چ ص چ د ت ط
ی گ خ ا س ئ د ن ر ق ئ س ذ ا ص د
د آ ی ی ب چ و ا ی ب ح آ ک آ غ ا
ن گ ر ج ز پ خ ی س ل ل ج غ ش ي ا
ئ ع ا ن ع ن و ز د ث ظ غ ژ پ ر ح
ط ع م ء آ ا ط ا ذ ب ئ ژ ح ز ع ر
ل ظ ز خ ط ج س ر ز ذ ث ن ط ی و و
ر ج ر ج س ر ا ط ل ک م ل غ ث ح چ
چ چ ق ع م م ظ ع س ئ ل چ گ ک آ غ
ص ل غ ف چ ث ض م ت ئ ل ن ر ب غ ز
د ذ غ ر ل ث و ض ع س س ص خ خ خ ز
آ خ ک ی ق ث چ ئ ش ف ق ئ ف ج ش چ
ک ر چ خ ب غ غ ا ز ل ذ س آ ح ح گ

جزء
اسطوخودوس
مرجان
نعناع
پونه کوهی
جعفری
گیاه
رزماری
زعفران
ترخون

معطر
ریحان
مفید
آشپزی
رازیانه
طعم
گل
باغ
سیر
سبز

45 - Vehicles

د	ذ	ذ	گ	ی	ص	ق	گ	گ	ج	ب	ل	ش	و	ت	ن
و	پ	ا	ظ	ق	ش	ص	ن	ا	ذ	ر	ی	ئ	ي	چ	ظ
چ	ک	ش	و	م	ن	پ	ض	ح	س	ظ	گ	خ	ن	ذ	ن
ر	ک	ه	ض	س	و	ب	و	ت	ا	آ	ف	ط	ف	ص	ق
خ	چ	و	م	ی	س	ک	ا	ت	م	ر	ن	ی	ش	ا	م
ه	ج	ا	ت	ط	ف	ف	ص	ب	ی	ح	ض	ی	س	ل	ت
ک	م	پ	ر	ا	م	ظ	و	ع	ز	م	گ	ا	ل	ا	ر
ل	و	ی	و	ب	ش	ل	ض	ر	ش	ض	ق	ی	ط	س	ا
ز	ت	م	ع	ا	ا	ر	پ	چ	ض	ش	ط	ر	ی	ت	ک
ص	و	ا	ت	ن	ر	ت	و	ک	س	ا	ا	د	غ	ی	ت
ن	ر	ل	س	ا	ذ	پ	ئ	ب	پ	ب	ر	ر	غ	ک	و
ف	ض	س	م	و	ب	و	م	گ	و	ع	آ	ی	ذ	ي	ر
ح	ع	ص	ض	ر	ت	ک	ص	ن	ذ	ر	ز	ز	غ	و	ث
و	ي	س	ک	ا	م	ی	و	ن	ب	ل	ذ	ق	ی	ا	ق
م	ژ	خ	ر	ک	ر	ل	ظ	غ	د	ل	خ	ذ	غ	ا	گ
چ	پ	خ	ن	ی	ی	ه	پ	ش	ظ	چ	ي	ف	ض	غ	ز

هواپیما
آمبولانس
دوچرخه
اتوبوس
ماشین
کاروان
فری
هلیکوپتر
موتور
قایق

موشک
اسکوتر
شاتل
زیردریایی
مترو
تاکسی
لاستیک
تراکتور
قطار
کامیون

46 - Health and Wellness #1

ه	ل	ع	خ	س	ن	ش	ض	پ	ا	خ	ر	ض	ج	ث	گ
ن	و	ع	م	و	ی	ک	ش	ز	پ	ن	ل	غ	پ	ذ	ر
ا	ل	ر	چ	ر	ظ	س	ع	ا	ف	ت	ر	ا	ق	ئ	س
خ	آ	ص	م	ی	ر	ت	ک	ا	ب	ا	ص	ع	ا	چ	ن
و	ر	ض	ط	و	و	گ	ک	ج	د	ط	ق	ش	ذ	ص	گ
ر	ا	و	ذ	ئ	ن	ی	ش	ئ	ي	ت	ا	ل	ض	ع	ی
ا	م	و	غ	ه	ا	گ	ن	ا	م	ر	د	پ	و	س	ت
د	ش	غ	ح	ط	و	ج	ت	ر	ف	ل	ک	س	س	خ	و
ي	ب	ش	ن	ش	خ	ظ	چ	ي	ص	س	ی	ت	م	چ	غ
ق	غ	چ	ز	چ	ت	ی	ع	ض	و	د	ص	ع	م	ژ	م
چ	س	ج	ف	ی	س	ک	و	م	ز	ع	ک	ح	ي	ث	ر
ح	ح	ح	ع	ن	ا	م	ر	د	ژ	م	غ	ت	ض	د	گ
ذ	م	گ	ا	ل	ن	ظ	ح	ک	ژ	ن	ذ	ع	ر	خ	ب
پ	ظ	ک	ل	ط	چ	ج	ت	ل	ش	ق	ت	ل	ط	ل	ب
ظ	خ	ل	ظ	ش	ذ	ص	ض	ل	گ	د	آ	ئ	ئ	خ	س
س	ل	ن	غ	ل	ع	ح	ژ	ح	ت	غ	ج	ض	ژ	ت	ا

فعال
باکتری
استخوان
درمانگاه
دکتر
شکستگی
عادت
ارتفاع
هورمون
گرسنگی

پزشکی
عضلات
اعصاب
داروخانه
وضعیت
رفلکس
آرامش
پوست
درمان
ویروس

47 - Town

ق	گ	ف	و	ت	ب	چ	د	ج	ن	پ	ئ	ژ	ف	ظ	چ
پ	پ	ل	غ	ص	ت	ط	ا	ر	گ	چ	ه	س	ر	د	م
غ	ژ	غ	ف	ل	ب	م	ن	ي	ا	ذ	ن	ي	و	م	ر
س	ک	ب	ج	ر	پ	س	ش	ن	ل	ز	ب	و	د	ش	ج
و	ت	ا	ث	ف	و	ن	گ	م	ر	پ	ا	ژ	گ	ل	ذ
پ	ا	غ	ز	س	ا	ش	ا	ا	ی	ف	ن	ب	ا	ش	ي
ر	ب	و	ث	م	گ	آ	ه	ی	غ	ق	ک	ق	ه	خ	پ
م	ف	ح	ي	ي	ه	ا	گ	ش	و	ر	ف	ف	ز	ن	ه
ا	ر	ش	ذ	غ	ا	ت	ذ	ژ	خ	ژ	س	ح	و	ک	ن
ر	و	آ	ج	گ	گ	ف	د	ق	ث	چ	ئ	ی	م	ج	ا
ک	ش	ذ	ث	م	ش	ن	ا	ن	و	ا	ی	ی	ن	ت	خ
ت	ی	گ	ز	ح	ز	ی	ت	ژ	آ	ا	گ	پ	ج	م	ب
ق	ی	س	خ	ی	ر	س	خ	ک	ظ	ز	خ	د	غ	ف	ا
ف	آ	ر	ا	گ	و	د	ر	م	ا	ن	گ	ا	ه	س	ت
گ	ق	ص	ئ	ت	د	ا	ر	و	خ	ا	ن	ه	ی	غ	ک
ح	ض	ب	ذ	گ	ا	ه	ت	ل	ر	ث	گ	ج	م	ط	ن

فرودگاه
نانوایی
بانک
کتابفروشی
سینما
درمانگاه
گلفروش
گالری
هتل
کتابخانه

بازار
موزه
داروخانه
مدرسه
ورزشگاه
فروشگاه
سوپرمارکت
نمایش
دانشگاه
باغ وحش

48 - Antarctica

چ	م	ح	د	ذ	ل	ف	ط	ت	گ	پ	ا	آ	ا	د	ج
ژ	ئ	ت	ت	ی	ت	ر	ح	ا	ذ	ئ	ب	آ	ش	د	ض
ز	ل	پ	ر	ن	د	گ	ا	ن	م	ص	ر	ا	چ	ث	ه
پ	پ	م	ز	ا	خ	ل	ی	ج	ح	ي	ه	د	ئ	م	ر
م	و	ر	و	آ	ر	ث	ئ	ز	ق	ف	ا	ع	ل	م	ی
ه	ح	ق	ذ	ا	ف	ح	ح	ی	ق	ر	ی	ی	ح	ی	ز
ا	ی	غ	ع	ی	د	ذ	ه	ک	پ	ا	ف	ژ	ف	ک	ج
ج	ظ	ل	ت	ا	م	م	ر	ج	د	چ	ا	ط	ا	ن	ه
ر	ي	ظ	ص	ر	س	ح	ع	ذ	ر	ث	ر	ل	ظ	ص	ب
ت	ع	ع	د	و	ر	گ	ی	د	ط	د	غ	ج	ت	ل	ش
ل	ر	د	ر	ک	ی	ف	ک	ط	ن	گ	ج	ق	ا	ر	ه
ج	ن	ظ	ظ	ا	خ	د	ا	ن	ش	ی	د	پ	س	ک	ا
ز	ئ	د	ع	ح	ن	ب	ر	ت	غ	ط	ح	ب	غ	ي	ن
ا	ت	م	ج	غ	چ	ع	ق	ع	پ	ع	ق	ر	ل	ي	ب
ی	ف	ا	ر	گ	و	پ	و	ت	ل	غ	ئ	ژ	خ	غ	ج
ر	ث	ذ	ا	ظ	ش	ا	ر	س	چ	ئ	ص	ژ	ض	ل	ذ

خلیج
پرندگان
ابرها
حفاظت
قاره
یارو
محیط
اکسپدیشن
جغرافیا
یخ

جزایر
مهاجرت
مواد معدنی
شبه جزیره
محقق
راکی
علمی
درجه حرارت
توپوگرافی
آب

49 - Ballet

ظ	م	س	ب	ی	ص	ظ	د	س	خ	ت	ز	غ	ج	آ	ک
ا	و	ج	ب	ز	ح	ش	د	ت	غ	م	س	ی	ک	ژ	ل
و	س	ا	ر	ک	ج	ئ	ج	ئ	ض	خ	ت	ج	س	ع	ی
ن	ی	ر	م	ت	ب	غ	ت	و	ا	ز	م	ی	آ	ث	د
ض	ق	ر	ب	ط	ر	ل	غ	م	ن	خ	ص	ق	ر	س	ا
ي	ی	ش	ن	ق	ا	ج	ژ	و	ف	ض	آ	ا	آ	ض	ر
ز	ذ	خ	ژ	ه	ز	ل	س	ئ	ف	ل	س	ز	ک	ق	ف
ر	ض	چ	ب	د	ن	ي	ت	پ	ا	م	ه	ا	ر	ت	ن
ق	س	پ	ا	ن	د	ج	س	ت	چ	ل	ک	س	آ	ا	ا
ا	ب	ز	س	ص	ه	ا	ر	ک	س	ت	ر	گ	ئ	ل	ف
ص	ظ	ر	ک	ق	گ	ت	غ	ج	پ	غ	ی	ن	ي	ض	ب
ه	ز	ط	غ	ر	ی	ش	ط	ط	ر	ظ	ج	ه	م	ع	ت
ب	ظ	ض	ژ	ت	ز	ش	ف	س	ق	ف	ز	آ	ن	ذ	ل
ز	آ	ف	غ	ب	ص	خ	ص	س	ج	و	چ	ط	و	ب	ک
ک	ی	ع	ظ	س	آ	آ	ت	ک	ن	ی	ک	ل	ف	غ	ژ
ت	ع	آ	ف	ئ	ي	ذ	م	ذ	ظ	ا	آ	ح	ظ	د	ب

هنری
رقاصه
رقص
آهنگساز
رقصنده
رسا
ژست
برازنده
شدت

عضلات
موسیقی
ارکستر
تمرین
ریتم
مهارت
انفرادی
سبک
تکنیک

50 - Fashion

ن	ی	پ	ث	س	ی	س	ت	ت	ف	ا	ب	ث	ر	ق	گ
م	ف	ل	ن	ا	ر	گ	س	ح	آ	ب	ص	ا	ژ	ش	ل
ل	گ	ز	ط	د	و	ض	ی	ا	آ	ی	ئ	ل	ق	د	د
ض	خ	ئ	خ	ه	ت	پ	ل	ر	ي	ز	ص	ص	ی	ک	و
پ	ی	چ	ی	د	ه	و	ا	چ	پ	ب	غ	ن	ل	م	ز
ش	ش	ض	ص	ن	ئ	غ	م	ر	ئ	ر	ظ	پ	م	ه	ی
م	ل	ئ	ص	و	ي	ک	ی	ی	چ	ک	ع	د	ع	ذ	د
گ	ق	گ	ص	ر	ع	ض	ن	د	ک	ه	ق	ش	ر	س	ب
خ	ذ	ر	ي	ت	ث	ا	ی	ف	ل	د	ج	ش	ل	ف	ق
ص	ط	ع	د	ی	ش	ک	م	گ	ک	ب	س	ر	ل	ق	ب
ف	ر	و	ت	ن	ع	ي	ش	ظ	ی	ج	ا	آ	ز	چ	ن
ز	ح	گ	پ	ئ	د	ش	ص	ئ	ت	م	ض	س	خ	گ	ع
ر	ف	ل	د	ص	ک	پ	ط	گ	و	د	ر	گ	ن	ب	خ
ژ	ی	ا	د	ج	ف	ئ	و	ل	ب	ر	ک	ئ	ث	ظ	و
خ	ث	ح	ق	غ	ص	ت	ق	ذ	ژ	ن	ت	ص	ق	ب	ح
ش	چ	م	ز	ط	ک	ب	ب	ث	م	ظ	ظ	آ	ژ	ک	ت

بوتیک
دکمه
لباس
راحت
زیبا
گلدوزی
گران
پارچه
توری
مینیمالیست

مدرن
فروتن
اصلی
الگو
عملی
ساده
پیچیده
سبک
بافت
روند

51 - Human Body

ن	ي	گ	ث	ز	س	ل	چ	چ	ق	ع	م	ل	ا	ف	س
ص	آ	ظ	د	ف	ح	ذ	خ	ل	ن	ي	چ	م	س	ي	ا
آ	ر	ن	ج	ح	ط	ي	پ	ق	ل	ب	پ	ژ	ت	چ	ن
و	ق	ق	ظ	ح	د	ت	ع	ک	د	ي	ا	ص	خ	ل	گ
ش	گ	ر	د	ن	غ	ذ	و	ف	و	ش	پ	ئ	و	ف	ش
ع	گ	ص	گ	س	ی	ي	ک	ل	گ	ر	د	ن	ا	م	ت
ق	چ	ي	چ	ف	ت	ث	ض	آ	ب	س	ب	ا	ن	پ	ر
ی	چ	ئ	ش	ذ	س	د	ق	ص	ی	ش	ر	ه	ئ	ف	و
ض	ش	ظ	ط	ی	و	ح	آ	ه	ن	ا	چ	د	ع	ب	ص
ح	ن	چ	ت	د	پ	د	ر	غ	ی	خ	آ	ن	ا	ر	آ
ل	م	ک	خ	ط	چ	خ	غ	ش	ط	ف	س	ق	ع	ر	ل
پ	ض	غ	ا	ث	د	ط	س	ج	ث	ک	ق	م	ث	ا	ئ
خ	و	ن	ز	ژ	ج	و	ژ	ب	ئ	خ	و	د	ع	ض	س
ي	ه	ن	ا	ش	و	گ	ت	ز	غ	خ	ر	ع	ن	ن	ض
ذ	ن	ج	ا	ش	ر	ب	ک	پ	ز	چ	ش	ذ	خ	ی	ط
غ	و	ز	د	ز	خ	د	ع	ت	ل	ظ	ک	ل	د	ط	ئ

سر
قلب
فک
زانو
پا
دهان
گردن
بینی
شانه
پوست

مچ پا
خون
استخوان
مغز
چانه
گوش
آرنج
صورت
انگشت
دست

52 - Fruit

ح	م	ر	آ	ه	ز	ب	ر	خ	ه	و	ص	ک	ت	ی	ف
ن	غ	م	ن	ش	و	ی	ث	ر	ل	ژ	ض	ح	آ	ئ	ط
غ	ض	ن	ا	ض	م	س	ظ	خ	و	ژ	ح	ب	غ	ظ	م
ب	ب	و	ن	س	ص	ح	ر	ف	خ	غ	د	ذ	ل	و	ز
ذ	ش	خ	ا	ش	س	ظ	ل	ع	ج	ض	ا	ص	غ	ر	ف
ن	ط	ک	س	ک	ف	س	ب	ي	ه	ب	ن	ا	د	ص	خ
ث	ب	ر	و	گ	ن	ا	ظ	ب	ک	ت	م	آ	چ	ق	ژ
ب	ا	م	د	ک	د	ل	ح	د	ش	ک	ل	ت	چ	گ	ف
ر	ی	ن	ا	ر	گ	ی	ل	ا	م	و	ض	ض	س	گ	ب
ل	ا	ج	ک	ق	ن	گ	ن	ن	ت	گ	غ	ئ	ق	ص	خ
ت	پ	ث	و	گ	ز	ط	گ	خ	ش	ض	ث	ش	ئ	د	ژ
ش	ا	ل	و	ل	ژ	د	ل	ی	ل	ش	ت	آ	آ	ظ	ع
ئ	پ	ج	آ	ا	ف	خ	و	د	ج	س	و	ل	ب	ض	ظ
ت	ش	ح	ت	ب	م	ی	ب	گ	ئ	ش	ت	ح	ب	ت	ي
ز	ص	و	ی	ی	ک	ف	ر	س	ض	و	و	ط	ظ	گ	ص
ف	غ	ف	ا	و	ا	و	گ	ف	ذ	ی	ن	ث	ت	م	ذ

سیب
زردآلو
آووکادو
موز
توت
گیلاس
نارگیل
شکل
انگور
گواوا

کیوی
لیمو
انبه
خربزه
شلیل
پاپایا
هلو
گلابی
آناناس
تمشک

53 - Engineering

گ	ح	د	ذ	آ	ی	ز	گ	خ	ف	د	ل	س	ع	ض	س
ت	و	ز	ی	ع	ت	ا	ي	ن	ا	ی	ل	ن	ق	ط	ر
ا	ز	م	ژ	ی	ذ	ر	ذ	ف	ئ	ز	ح	ا	و	ج	ش
ن	ع	ع	ر	ا	ت	خ	ا	س	ط	ل	ف	ي	ط	ا	ز
د	م	د	ن	م	ا	ک	ث	پ	د	ج	ف	ث	ل	ف	پ
ا	ق	ح	ا	س	ث	ب	ا	ت	م	ف	پ	ک	ث	ر	ق
ز	ز	ق	ژ	ي	ا	ز	آ	ق	ح	ش	ی	ی	م	ک	م
ه	غ	ذ	م	گ	پ	خ	ا	ص	ط	ک	ا	ک	ح	ص	ژ
گ	ف	م	ث	ئ	ذ	ا	ت	س	ئ	ص	ف	ب	و	ظ	ث
ی	ص	ا	ش	ف	ث	ی	پ	و	ق	ا	غ	ث	ر	ئ	ص
ر	ض	ک	ب	م	ا	ش	ی	ن	س	ث	ه	ی	و	ا	ز
ی	ظ	ح	ع	ع	م	غ	ظ	ي	ي	ا	و	ر	د	ق	ز
م	و	ت	و	ر	ا	د	و	م	ن	و	ز	ن	م	ئ	ک
ئ	ع	س	ح	ی	س	د	م	ح	ا	س	ب	ه	ت	ظ	ج
غ	خ	ا	ا	ع	ح	ئ	ژ	ی	و	ف	ذ	ن	گ	ج	ئ
م	ز	ئ	ص	ي	ی	ب	د	ئ	ر	ن	ذ	ي	ل	ن	ز

انرژی
اصطکاک
اهرم
مایع
ماشین
اندازه گیری
موتور
ثبات
استحکام
ساختار

زاویه
محور
محاسبه
ساخت و ساز
عمق
نمودار
قطر
دیزل
ابعاد
توزیع

54 - Government

ف	م	ق	ن	م	ي	ق	چ	ق	ب	آ	ذ	غ	ظ	ض	ل
ر	ه	ب	ر	چ	پ	س	ي	ا	ر	ت	ا	ب	ع	ى	ت
ذ	ي	خ	د	ف	ش	ب	م	ن	ا	ک	چ	ع	ي	ى	ن
س	خ	ن	ر	ا	ن	ى	ژ	و	ب	س	ص	ي	ى	ا	ن
ص	ز	ع	ص	ژ	ط	د	ذ	ن	ر	ک	آ	ق	ل	ض	ص
ل	ي	م	د	چ	ق	ا	ج	ا	ى	ط	و	ک	ئ	ق	ظ
م	ل	ت	ا	ا	ف	ز	ق	س	ن	ط	و	د	و	ل	ت
ض	ح	ر	م	ج	ل	آ	ا	ا	د	ب	ق	ت	ح	ث	ژ
ق	ن	ع	ن	ي	ا	ت	ن	س	م	ح	ض	ئ	ع	ى	ظ
م	ن	ط	ق	ه	س	ظ	و	ى	س	ا	ر	ک	و	م	د
س	ل	ط	ص	ق	ت	خ	ن	ج	ص	ي	ص	ش	ز	ج	س
ژ	ى	چ	ض	ا	ق	ي	ذ	م	گ	ث	ن	د	ک	ش	ظ
ح	ر	ا	ث	ط	ل	ئ	ي	ح	آ	ف	ي	ک	ظ	ظ	ط
ظ	و	گ	س	ي	ا	ج	خ	ف	ث	چ	ث	ظ	ا	ب	و
ب	ى	ق	ث	ت	ل	پ	ا	ض	ش	ح	ل	ص	ش	د	ئ
ج	ذ	و	ک	ئ	چ	ئ	ت	ى	ا	د	ب	و	د	ئ	ب

تابعیت
مدنی
قانون اساسی
دموکراسی
بحث
منطقه
برابری
استقلال
قضایی
عدالت

قانون
رهبر
آزادی
یادبود
ملت
صلح
سیاست
سخنرانی
دولت
نماد

55 - Science Fiction

ظ	ن	ک	ه	ک	ش	ا	ن	ا	م	ر	ج	ژ	ی	س	ت
ز	و	م	ر	م	ع	ت	ش	ئ	ط	ا	ه	ظ	ص	ق	ک
ن	ح	و	ا	ئ	ب	خ	آ	ص	غ	ر	ا	ض	ن	ئ	ن
ض	ط	ک	ی	ب	ي	ت	ض	ن	خ	ک	ن	گ	ل	ص	و
م	ف	ک	س	ب	پ	ط	چ	ک	د	م	ع	گ	ز	ل	ل
آ	و	م	د	ی	ن	ه	ف	ا	ض	ل	ه	ظ	ئ	ش	و
ی	ا	ا	آ	د	د	ج	پ	ل	ز	گ	د	ر	ظ	ت	ژ
ن	ت	ی	د	ژ	ي	ی	ح	ک	ت	ا	ب	ه	ا	و	ی
د	م	پ	ل	ش	ب	ق	ق	ا	ب	ب	ژ	گ	ج	ه	ي
ه	ی	و	ل	د	ی	ا	ط	ر	ف	م	ش	خ	ئ	م	ث
ن	ض	ت	س	ي	ذ	م	ي	و	س	ن	ا	ر	ی	و	ط
گ	ئ	س	ق	ی	خ	ن	ی	ا	ز	ئ	ع	ا	ئ	ي	ث
ر	م	ی	گ	ق	ي	ی	ض	ا	ع	ذ	س	ج	ر	خ	د
ظ	ب	د	غ	ض	چ	س	ا	ج	ی	غ	ص	ف	ي	و	ف
ق	ظ	ر	ش	ف	س	ي	ش	ل	ئ	ی	ق	ن	ذ	ث	ئ
ی	ت	آ	ف	ي	ک	ث	ش	ي	ی	غ	ژ	ا	ص	ژ	گ

اتمی
کتابها
مواد شیمیایی
سینما
دیستوپیا
انفجار
مفرط
آتش
آینده نگر
کهکشان

توهم
خیالی
مرموز
رمان
اوراکل
سیاره
سناریو
تکنولوژی
مدینه فاضله
جهان

56 - Geometry

م	ر	ج	آ	س	ک	م	ل	ب	ا	ض	ر	ی	خ	و	ژ
ا	ع	ذ	ذ	ر	پ	و	ض	خ	گ	ا	ز	س	س	م	ع
ا	ع	ا	ف	ت	ر	ا	ا	م	ص	ئ	ظ	ت	خ	ط	ژ
ل	ق	ق	د	ع	ل	ز	ز	ث	ح	ک	س	ث	ح	ش	ا
د	ج	ز	ط	ل	ک	ی	ق	ف	ا	ن	ر	ک	ث	ئ	ئ
ق	ف	ح	ی	ر	ه	ی	و	ا	ز	آ	ظ	ط	ط	ر	چ
آ	پ	ح	ظ	و	ی	ظ	ا	ط	ی	م	ف	پ	پ	ق	ث
ح	ح	ر	ج	چ	ر	س	غ	ي	پ	ش	ن	ش	ل	ط	ض
ع	ر	و	پ	د	ظ	ت	ق	ا	ر	ن	آ	ح	ر	ت	ض
ش	م	ا	ر	ه	ن	ا	ی	م	م	ث	ل	ث	ن	آ	س
ج	ق	ن	ق	ض	ض	ج	ه	ب	س	ا	ح	م	م	ی	ط
م	ن	ط	ق	و	ح	س	ر	ع	ي	ق	ی	ض	ع	س	ح
ط	ف	ک	ت	ب	س	ن	ی	د	م	ق	ا	پ	خ	ح	د
ث	ظ	ط	ج	خ	ج	ژ	ا	ج	ف	د	ع	ا	ی	ص	ي
ص	ز	ي	ب	ش	ل	ژ	د	ق	ص	ص	ر	ش	ت	ذ	ز
ت	ص	ف	ح	ا	ص	ج	ص	ظ	ی	آ	ف	ض	ل	د	ث

زاویه
محاسبه
دایره
منحنی
قطر
بعد
معادله
ارتفاع
افقی
منطق

جرم
میانه
شماره
موازی
نسبت
بخش
سطح
تقارن
نظریه
مثلث

57 - Creativity

ب	آ	ث	س	د	خ	ر	ا	خ	خ	ث	ط	ک	ژ	ث	ت
و	م	ع	ح	ب	ذ	چ	چ	ئ	ل	ز	ذ	غ	ع	خ	ی
ت	ن	ل	ي	ن	ب	خ	ی	ن	م	ا	ی	ش	ی	ذ	ل
ح	ص	ئ	ن	ي	ي	ش	و	ج	د	و	خ	ل	پ	ش	ا
ژ	ع	آ	ط	ض	ت	ج	ح	و	س	ر	ز	ن	د	گ	ی
ض	آ	غ	آ	ب	ش	ب	ه	ج	م	ن	ز	ع	ل	ک	س
ث	خ	پ	ف	ج	د	ش	ژ	ی	ن	ع	ر	ط	ص	ح	آ
ق	ش	ر	چ	ط	ت	ع	ض	ل	و	ذ	د	چ	ط	ع	د
ي	خ	گ	غ	ا	ح	س	ا	س	ا	ت	ص	و	ی	ر	ق
ر	ح	ذ	ص	ا	و	ح	ض	ل	ت	غ	ی	ی	ر	ک	ا
ا	ض	ط	ق	م	ض	پ	ه	و	ن	ف	ب	پ	ن	ت	ح
ب	ذ	ذ	ق	ث	و	ا	ب	س	ژ	ج	ن	ع	ه	ب	ی
ت	ر	ا	ه	م	م	و	ی	ژ	ط	و	آ	ا	ق	م	خ
ع	ف	س	ا	س	ح	ا	ا	ر	ض	ظ	ئ	ط	ز	ذ	پ
ا	ل	د	ژ	د	ذ	ج	ن	ک	خ	آ	ف	ر	ی	گ	ب
ک	ص	س	ا	ک	ذ	گ	ض	خ	گ	ص	ح	ل	ل	ث	ژ

هنری
اعتبار
تغییر
وضوح
نمایشی
احساسات
بیان
سیالیت
تصویر

تخیل
الهام
شدت
شهود
مبتکر
احساس
مهارت
خود جوش
سرزندگی

58 - Airplanes

ش	د	ژ	ع	ط	ف	ن	ش	ت	غ	ث	ک	ض	ح	ذ	خ
آ	ب	ذ	ي	ک	ل	ف	ظ	گ	ظ	ف	پ	ا	ی	س	ص
س	خ	ص	ق	ن	ژ	ر	ف	ا	س	م	ر	ن	و	ذ	و
م	ی	ل	آ	ک	ص	و	آ	ل	ی	ج	و	خ	ج	ل	ش
ا	ر	ب	ب	د	ب	د	ح	ر	ذ	و	ا	ح	ي	ب	ق
ن	ا	ط	ع	ا	ف	ت	ر	ا	گ	ش	ن	ژ	ث	ج	خ
ژ	ت	چ	م	ب	ن	م	ط	ا	ل	ت	ه	آ	ج	آ	ش
و	ا	ت	م	س	ف	ر	ت	م	ب	ژ	گ	ح	غ	ظ	م
ر	ب	ل	ذ	خ	ص	ش	ذ	ي	آ	ت	ظ	خ	ي	ح	و
د	ی	ژ	پ	ی	ب	س	و	خ	ت	ط	ب	ق	آ	ب	ت
ی	چ	ب	چ	ئ	گ	ی	ط	ن	ث	ص	ذ	ي	ج	ج	و
ه	م	د	خ	ژ	غ	ر	ت	ي	آ	ت	ص	ع	ذ	ژ	ر
ق	پ	ي	ظ	ض	ع	ع	ر	ه	ط	ج	ط	ک	ب	آ	س
ظ	ث	ز	خ	غ	ل	ی	ی	و	ج	ا	ر	ج	ا	م	ت
ن	ش	ک	ژ	ر	غ	آ	ز	ا	س	و	ت	خ	ا	س	و
ا	ئ	ظ	ي	ص	ا	ک	ي	ق	ي	س	گ	م	ف	ئ	ط

سوخت
ارتفاع
تاریخ
هیدروژن
فرود
مسافر
خلبان
پروانه
آسمان
تلاطم

ماجراجویی
هوا
اتمسفر
بادکنک
ساخت و ساز
خدمه
تبار
طرح
جهت
موتور

59 - Ocean

ز	ف	ذ	ز	ط	ل	ض	د	ص	غ	ت	ژ	گ	ت	د	ي
م	ی	گ	و	ت	ی	ع	ر	و	س	د	ر	ی	ا	ی	ی
ا	ت	ف	خ	ذ	گ	ا	ح	آ	و	ک	م	ن	م	ر	ج
ل	ا	ک	پ	ش	ت	خ	ز	ظ	پ	ب	ا	ت	و	ی	ع
ن	ز	ي	غ	آ	خ	گ	گ	س	ا	ل	چ	ی	ا	ی	م
ی	ر	ا	ئ	د	ل	ج	ی	ل	ت	ج	گ	ه	ج	ا	ظ
ف	ز	ا	ط	ش	ز	ل	چ	ت	خ	ط	ج	ا	ر	ی	چ
ل	د	ل	د	د	ک	آ	گ	ج	ا	د	س	م	ج	ر	س
د	ش	د	ث	ت	ج	ا	ز	ا	م	م	ا	ط	ث	د	ک
ی	ی	ا	ی	ر	د	ه	پ	ت	ا	ه	ک	ی	ع	ک	م
ب	ف	چ	ه	س	و	ک	ظ	ه	ی	ی	ت	ک	ص	ب	ر
ک	و	م	ظ	ي	ذ	ذ	ی	آ	ح	ث	آ	ط	خ	ل	ج
ق	ذ	ز	ف	ن	ه	ن	گ	ن	چ	ر	خ	چ	ت	ج	ا
ت	غ	گ	ن	پ	ف	گ	ی	ص	ز	ر	ط	م	س	س	ن
ق	س	ز	ج	ن	ف	س	ا	د	چ	ن	ل	ح	ق	ا	ب
س	ف	ب	ت	خ	د	ی	ش	ف	ت	گ	پ	ث	و	ظ	ح

جلبک
مرجان
خرچنگ
دلفین
مارماهی
ماهی
عروس دریایی
اختاپوس
صدف
تپه دریایی

نمک
جلبک دریایی
کوسه
میگو
اسفنج
طوفان
ماهی تن
لاک پشت
امواج
نهنگ

60 - Force and Gravity

ف	ى	ز	ى	ک	ف	م	م	ز	پ	و	ا	پ	د	ض	ي
ط	ب	ک	گ	م	ل	غ	ث	ذ	ح	ا	ض	و	ث	غ	ص
ع	غ	ف	ش	ا	ر	ن	ا	م	ز	ا	ژ	ى	و	ت	ت
ي	ن	ز	ه	ل	ص	ا	ف	ب	ج	ز	ح	ا	ز	ظ	ت
ئ	ژ	و	آ	ق	و	ط	م	ا	ئ	ق	ع	ف	ن	ک	گ
ذ	س	ت	ا	ر	ا	ى	س	د	ج	ج	ه	ا	ن	ى	س
ط	گ	م	ب	و	ض	س	ق	خ	ا	ب	ى	ن	خ	ن	ت
ف	ق	ح	ث	ح	آ	خ	خ	گ	ک	ر	ب	چ	ى	ا	ر
پ	پ	ا	ر	م	ظ	ي	خ	ا	ج	چ	ى	ب	ش	ک	ش
ج	ط	ت	د	ک	ع	ي	س	ق	ص	ر	ظ	ن	ع	م	ق
ى	ل	ى	ط	م	ت	ع	ر	س	ر	ط	خ	ب	ض	ط	ج
ع	ي	ص	ف	ر	ز	ف	ئ	پ	ى	م	ک	ص	ظ	م	غ
ن	ج	ر	ض	ک	ف	ز	گ	ث	م	ج	خ	ا	ئ	غ	چ
خ	و	ا	ص	ز	ز	ک	ش	ف	ق	ف	ط	چ	ک	ى	ى
ق	ذ	ژ	ض	ق	ز	و	ت	ض	ع	س	ئ	و	ب	ط	س
ج	ظ	م	گ	ا	ط	ح	س	ج	ق	ث	آ	خ	ک	ج	چ

مدار
فیزیک
سیارات
فشار
خواص
سرعت
زمان
جهانی
وزن

محور
مرکز
کشف
فاصله
پویا
گسترش
اصطکاک
مغناطیس
مکانیک
حرکت

61 - Birds

ع	ض	ف	ر	ح	ض	ک	ع	ط	و	غ	ا	ل	ک	ا	ق
گ	ن	ا	ک	و	ت	ر	ي	ف	ث	پ	ي	ر	ص	ب	ن
ا	ز	خ	غ	ا	ز	آ	ش	ت	ر	م	ر	غ	د	ل	ا
ف	ب	ت	ف	ر	ح	چ	پ	ن	ق	خ	ز	ر	ل	ک	ر
ص	ق	ه	ن	ش	م	ظ	ی	ن	ج	و	ز	م	ئ	م	ی
و	ل	ک	ل	ک	ت	د	ک	ذ	ت	آ	ذ	م	ذ	س	ط
ر	ی	گ	ش	ظ	د	ت	ز	گ	ج	ش	ض	خ	ض	ج	ز
ي	ص	ر	ش	ج	س	ظ	چ	ی	و	ت	ن	ت	ق	ج	ب
ع	ا	ش	ن	ف	ن	ا	ک	ی	ل	پ	ظ	د	ا	آ	ژ
س	و	و	ا	ط	ئ	گ	گ	ث	خ	ل	ل	ن	چ	پ	ر
آ	ح	ز	چ	م	و	گ	ن	ی	م	ا	ل	ف	گ	و	س
ع	چ	ح	ک	ت	گ	ک	ی	ط	ع	ر	ظ	ذ	ق	و	ق
ق	خ	س	و	ع	ن	د	ه	و	و	ظ	ف	ا	ش	ذ	خ
ا	ح	ض	خ	چ	پ	چ	ا	ط	ط	ل	و	ظ	گ	آ	خ
ب	چ	ج	ئ	غ	ط	پ	ش	ج	ئ	د	ج	و	غ	ذ	س
ن	ي	ل	م	پ	ث	ذ	ک	ث	س	ق	گ	ی	ش	آ	ل

قناری
مرغ
کلاغ
فاخته
اردک
عقاب
تخم مرغ
فلامینگو
غاز
شاهین
حواصیل
شترمرغ
طوطی
طاووس
پلیکان
پنگوئن
گنجشک
لک لک
قو
توکان

62 - Art

ک	م	س	د	ن	ش	ع	ئ	پ	پ	ح	پ	پ	ئ	س	ی
ا	ی	ج	ا	د	م	ب	ع	ی	ص	خ	ش	ب	ي	غ	ظ
س	ل	م	چ	ض	ژ	ا	ظ	چ	ک	چ	ع	ص	ي	ج	ل
چ	ص	س	ا	ت	ض	خ	د	ی	ر	ض	ر	ر	ق	غ	ق
ن	ا	ی	ب	ر	ش	ک	ل	د	ع	پ	ح	ی	ا	خ	ی
م	پ	ل	ی	ح	س	م	ک	ه	ژ	ش	ی	ک	ل	د	ب
ث	ص	ا	ک	ا	ک	و	ک	ن	د	ز	پ	آ	ه	ا	پ
ی	ئ	ئ	ر	ل	ا	ض	ص	ک	ث	ا	ن	ف	ا	ز	ب
ز	و	ر	ت	ت	غ	و	م	آ	آ	غ	س	ف	م	ي	ر
ب	ژ	ر	ق	خ	ئ	ع	ن	ت	ص	ا	د	ق	گ	ذ	ت
ع	م	و	گ	ت	غ	و	پ	ی	ئ	ث	ي	گ	ر	ل	خ
ي	ث	س	د	ض	ث	ق	غ	ي	م	ح	آ	ح	ف	ک	ص
ص	غ	ژ	ظ	ج	ئ	ب	ن	ک	ص	ف	ذ	ب	ت	ش	خ
ع	ف	ع	ر	م	ز	خ	د	د	ک	ک	ش	ا	ه	ث	غ
م	ج	س	م	ه	س	ا	ز	ی	ق	ح	ر	ئ	آ	گ	ا
ی	خ	پ	م	ذ	ظ	ف	ض	س	ث	ي	پ	ک	ح	ذ	ص

اصلی
شخصی
شعر
مجسمه سازی
ساده
موضوع
سوررئالیسم
نماد
بصری

سرامیک
پیچیده
ترکیب
ایجاد
بیان
شکل
صادق
الهام گرفته
حالت

63 - Nutrition

ک	ح	خ	ر	ش	ک	چ	پ	ک	ا	ل	ر	ی	و	ط	ص
ر	ر	ی	م	خ	ت	ژ	س	ح	چ	ک	ا	ب	س	ث	ظ
خ	آ	ب	ض	ل	ح	ی	ا	ی	ر	ت	ت	ع	ي	ی	غ
ذ	ت	ف	و	و	ش	ش	ت	ر	ح	ظ	م	م	ص	ر	ک
ذ	ق	ظ	ذ	ه	ن	ی	ی	ت	و	ر	پ	ر	ا	ژ	ي
غ	ز	ص	ح	ت	ی	ق	ک	ص	پ	ک	ئ	ص	ذ	ی	س
ز	ژ	ی	ذ	غ	م	د	ا	و	م	ق	ح	ر	م	م	غ
ر	ا	ن	س	س	ا	و	ر	چ	ذ	ي	خ	خ	ر	غ	ر
ش	ع	ش	ی	ج	ت	ج	و	ا	ه	ت	ش	ا	ح	ذ	د
ت	ط	ی	و	ژ	ی	ظ	خ	ی	ت	م	ا	ل	س	ا	و
ا	ذ	ط	ث	ع	و	ن	و	ی	غ	ع	ش	د	ب	ی	م
ظ	ئ	ک	ی	ف	ی	ت	ز	ب	ب	ط	آ	و	ا	ی	ض
ب	ظ	ش	ط	ص	س	ن	ن	ض	ث	ژ	ع	ح	پ	ع	ب
ر	ط	س	ش	ن	ژ	ا	خ	خ	س	ه	ل	ق	ز	ث	ج
د	ظ	ژ	ژ	ذ	ع	و	ل	آ	د	ض	ف	ث	گ	ن	ب
ت	ع	س	ل	د	ا	ع	ت	م	س	م	ل	ط	ر	ث	ئ

اشتها
متعادل
تلخ
کالری
کربوهیدرات
رژیم غذایی
هضم
خوراکی
تخمیر
طعم

عادات
سلامتی
سالم
مواد مغذی
پروتیین
کیفیت
سس
سم
ویتامین
وزن

64 - Professions #1

ر ن ف ل ب ظ غ س س ر ا د ک ن ا ب
و م غ و ت ل ف و ت ع ئ ژ ف خ و ن
ا ل ر ل و ی پ ی ا ن ی س ت ع و ص
ن و ق ه ر ک ذ ر ر پ غ خ ی ا ط ت
ش ا ص ک ا و د ا ه ذ ص غ ز ج خ ک
ن ن ن ش گ آ ژ ی ش گ ژ ن ث ج ط ش
ا ج د ث ن آ ف ش ن ا د ب ض س ک ز
س و ه ل ه چ ح گ ا ه ف ع س ا ت پ
ر ا م ذ ش خ پ ر س ت ا ر ر ق ص م
غ ه ث ع ق ا ظ ئ ر ل ن چ ژ ژ غ ا
و ر ر ز ن پ ظ ت ب و ی و ک د ی د
ک م و ا ن گ ک ر گ ح ش ز ر ت ک د
ض ر چ ق ذ ب ع گ ا ت ئ ج ث م چ د
آ ب ئ ق غ و ب ح س و ف ل د ز ک ئ
ر ی ذ ط پ و ق آ س ا ن ش ن ی م ز
ذ ح ی گ ز ص گ ژ ع غ ع د ل ي ز ز

شکارچی
جواهر
نوازنده
پرستار
پیانیست
لوله کش
روانشناس
ملوان
خیاط
دامپزشک

سفیر
ستاره شناس
وکیل
بانکدار
نقشه نگار
مربی
رقصنده
دکتر
ویرایشگر
زمین شناس

65 - Barbecues

پ	ا	ب	د	ب	پ	ق	س	ئ	ظ	ئ	ن	ت	ش	چ	خ
پ	ر	خ	آ	خ	ی	گ	ن	س	ر	گ	ا	ا	س	ب	غ
ب	ت	ژ	ق	غ	ا	گ	ش	س	آ	ژ	ه	ب	ش	س	د
و	خ	ز	ب	آ	ز	چ	ن	ث	و	گ	ا	س	ی	چ	ع
س	ب	ز	ی	ج	ا	ت	ا	ر	ذ	ي	ر	ت	د	ت	ژ
ظ	د	ل	غ	ذ	ي	ح	ت	چ	ف	غ	ي	ا	ي	خ	ئ
چ	ش	ژ	ک	م	ن	م	س	ز	ک	ه	گ	ن	ث	ا	آ
چ	ن	ث	ض	ی	آ	ط	و	ق	ا	چ	ج	ک	د	ن	ش
ی	ن	گ	م	و	ز	ل	د	س	ق	ظ	ی	و	ت	و	پ
چ	ژ	ط	ا	ه	ط	و	ک	ا	ژ	ف	آ	خ	گ	ا	م
ذ	ز	ب	ش	ل	ی	ر	گ	ل	ج	د	د	ف	ض	د	ش
ص	ح	ق	غ	ک	ق	ط	ن	ا	ق	ض	ص	ح	ح	ه	ا
ن	ن	ص	پ	ث	ی	گ	ح	د	چ	خ	ع	ب	م	ژ	ج
ح	ئ	غ	ذ	ا	س	ذ	ع	ظ	گ	غ	ئ	ی	ق	ک	و
ض	چ	ر	ا	ب	و	ت	گ	چ	د	ش	پ	ک	پ	ک	ق
خ	ع	م	آ	د	م	خ	آ	ث	س	پ	ی	ب	ش	ک	ر

مرغ
شام
خانواده
غذا
چنگال
دوستان
میوه
گریل
داغ
گرسنگی

چاقو
ناهار
موسیقی
پیاز
سالاد
نمک
سس
تابستان
گوجه فرنگی
سبزیجات

66 - Chocolate

ض	ت	ج	د	ق	ب	ئ	ف	غ	و	ط	ز	ص	د	آ	ص
ث	ث	ج	ب	ه	ق	ا	ل	ع	د	ر	و	م	ز	ب	ع
ز	ز	ذ	ع	ج	ب	ر	د	و	پ	ح	آ	ع	س	ن	ج
ب	ت	ی	ف	ی	ک	ذ	ن	ا	ا	م	ک	ط	و	ب	ظ
ز	ل	گ	ظ	ص	ی	ه	ق	م	م	ء	ط	ض	و	ا	ص
ی	خ	ن	ث	د	م	ی	ز	ش	ض	ز	ت	ی	س	ت	ن
ب	ش	ظ	ي	ک	ا	ر	ا	م	ل	ج	م	ل	گ	م	ع
ي	ن	ض	س	ک	م	ل	د	ک	ش	ل	ت	ی	خ	ج	ت
ن	ا	ر	گ	ی	ل	ا	ص	گ	چ	و	ک	ا	ن	ر	گ
ب	آ	ژ	د	چ	ظ	ک	چ	ا	ئ	ئ	خ	ا	ی	ی	ر
م	آ	ر	خ	ل	ژ	پ	ب	ث	پ	ا	ژ	ع	ر	و	ی
ع	ج	ی	ب	و	غ	ر	ی	ب	پ	ک	ی	د	ی	ت	ز
ط	ف	و	ص	آ	و	ج	ش	ن	غ	ا	ع	ر	ش	ع	د
ل	ر	ر	ي	ر	ظ	ث	غ	ب	ع	ک	د	ط	ک	ض	ق
آ	ن	ت	ی	ا	ک	س	ی	د	ا	ن	د	ی	ر	خ	ن
ب	ذ	ص	س	ض	ب	ظ	ف	ح	ا	ز	ج	آ	ل	ي	ظ

عجیب و غریب
مورد علاقه
جزء
بادام زمینی
پودر
کیفیت
قند
شیرین
طعم

آنتی اکسیدان
عطر
صنعتگری
تلخ
کاکائو
کالری
آب نبات
کارامل
نارگیل
خوشمزه

67 - Vegetables

ت	ر	خ	ع	ذ	ش	پ	ص	گ	س	ج	ژ	س	ک	ک	ن
ذ	ج	ع	ف	ر	ی	س	خ	و	ی	ا	و	ی	ي	ن	ص
ن	ذ	گ	ژ	س	ظ	م	ث	ج	ی	ن	ل	ر	ل	گ	ک
ض	خ	ک	آ	ن	ت	پ	گ	ه	د	ف	ی	ا	ک	ر	ق
ل	ض	و	د	ا	گ	ی	ص	ف	ف	س	ب	ی	د	ف	ا
ف	ع	غ	د	و	ج	ا	م	ر	خ	ا	ج	خ	غ	ر	ر
ض	ی	آ	ئ	ف	ت	ز	ق	ن	ن	ر	ن	ئ	ض	ن	چ
گ	ل	ک	ل	م	ر	ن	و	گ	ق	ا	ز	غ	ز	گ	ع
و	ک	ک	چ	غ	ی	ن	ب	ی	ک	ر	ف	س	ل	ی	ر
چ	و	ب	ع	ل	س	آ	گ	ل	ئ	ا	پ	گ	چ	ن	ن
ش	ر	ط	د	ش	و	و	س	ی	ل	ئ	ض	چ	ژ	و	س
ز	ب	ر	ف	ط	م	چ	ه	ي	ق	ئ	ج	ز	ض	ح	ع
ظ	م	ث	ث	ر	ع	ا	چ	ي	و	ن	ئ	گ	ی	ي	خ
ق	ل	س	ا	م	د	س	ب	ا	د	م	ج	ا	ن	ت	ز
ر	ک	ئ	س	س	س	ق	ر	د	ج	ا	چ	ج	غ	غ	ل
ئ	ق	ئ	ئ	ش	ح	م	ت	ب	خ	ج	ي	ه	و	ی	ج

پیاز
جعفری
نخود فرنگی
کدو تنبل
تربچه
سالاد
موسیر
اسفناج
گوجه فرنگی
شلغم

کنگر فرنگی
کلم بروکلی
هویج
گل کلم
کرفس
خیار
بادمجان
سیر
زنجبیل
قارچ

68 - The Media

ب	و	و	ط	ی	م	ح	ل	ی	ر	ا	ج	ت	ن	ک	ش
ئ	ک	ب	ا	ج	ح	ف	ر	م	ی	ش	ق	ا	ر	د	ی
ت	ع	ک	خ	ک	ع	ک	س	و	و	ن	ک	غ	ش	ن	ش
ح	ز	ک	ش	آ	ف	و	گ	م	ا	س	ي	ی	ث	ر	ط
ص	ص	غ	ل	پ	ر	ظ	ن	ع	ص	ل	ژ	ل	م	گ	ب
ی	ر	چ	غ	ض	ا	ش	گ	ب	ت	م	د	ب	ط	ن	ن
ل	ذ	گ	ق	ژ	م	و	خ	پ	م	ب	ر	ت	ع	ص	ق
ا	ظ	ت	ح	ق	ا	ی	ق	ج	ل	ف	ل	ذ	ا	ن	ر
ت	ئ	آ	غ	ج	ب	د	ل	ح	ت	ن	ر	ت	ن	ی	ا
ط	ط	ئ	ظ	ئ	ی	ا	ا	ج	ج	ط	ج	ع	و	ث	ف
ح	د	ظ	س	ک	ت	ر	ه	خ	س	ن	ض	ن	ی	ض	ش
ژ	ذ	غ	آ	ق	ت	ض	ک	ث	ژ	پ	ک	ص	ز	ض	خ
م	خ	ص	ح	ب	ظ	د	ب	ل	ا	ت	ی	ج	ی	د	ص
گ	پ	پ	ا	ر	ظ	پ	ش	د	پ	ع	خ	آ	و	ن	ی
ش	چ	ط	ت	ژ	ج	ا	ح	ذ	ئ	ح	ک	ذ	ل	د	ج
ث	ح	ش	ط	ط	ل	ع	ي	ت	ق	ث	ژ	د	ت	چ	ک

فکری
محلی
مجلات
شبکه
اینترنت
نظر
عکس
عمومی
رادیو
تلویزیون

تبلیغات
تجاری
ارتباط
دیجیتال
نسخه
تحصیلات
حقایق
تصاویر
شخصی
صنعت

69 - Boats

غ	ع	ا	ط	س	خ	گ	ی	م	ک	ف	ق	ل	ئ	ط	خ
ا	ذ	آ	گ	ج	م	ل	و	ا	ن	ع	ا	ش	ژ	ن	ژ
ک	ئ	ث	ی	ط	ز	ج	س	و	ن	ا	ی	ق	ا	ا	خ
ب	ا	ق	گ	ق	ن	ر	ج	ط	ف	ج	ق	ق	ج	ب	د
ق	ی	ی	ا	ی	ر	د	و	ئ	ض	م	ن	ا	ي	ث	م
ئ	ر	ا	ا	گ	ص	د	ئ	م	پ	و	ج	ی	ی	ص	ه
ذ	د	ق	ز	ک	ض	ئ	ت	ر	د	ت	ا	ق	ش	ک	ا
ج	ش	ا	ض	ض	ط	ژ	ص	ر	ض	و	ت	ب	ا	د	م
ض	ق	ف	ر	ی	ل	ه	چ	ا	ی	ر	د	ا	ج	ع	ج
ق	ا	ی	ق	ر	ا	ن	ی	ق	و	پ	ز	د	ب	ا	ذ
ي	د	ط	و	گ	ذ	ا	ف	د	ر	پ	پ	ب	چ	ت	ع
غ	ب	ع	ز	ن	ص	خ	ا	ي	د	ذ	ص	ا	ح	غ	گ
د	ا	س	ک	ل	ه	د	ث	ط	ز	ص	ل	ن	و	ط	ت
ظ	ک	ب	ش	ن	ا	و	ر	ج	ح	ت	ع	ی	ف	ئ	ش
ک	ک	ل	ب	ف	ا	ر	ي	غ	ط	ل	د	ی	م	ن	ف
ث	ع	ر	ف	خ	ئ	ئ	ت	گ	ص	ئ	آ	ف	د	آ	پ

لنگر
شناور
قایق رانی
خدمه
اسکله
موتور
فری
کایاک
دریاچه
قایق نجات

دکل
دریایی
اقیانوس
قایق
رودخانه
طناب
ملوان
دریا
جزر و مد
قایق بادبانی

70 - Activities and Leisure

و	ث	ذ	م	و	ب	آ	م	و	ج	س	و	ا	ر	ی	س
ا	پ	د	س	ب	پ	ر	ن	ه	غ	ف	ز	م	ت	آ	ر
ل	ظ	ع	ا	غ	ل	ا	ب	ت	ک	س	ب	ئ	ش	ا	ل
ی	ع	و	ب	ف	ا	م	ز	ي	ا	ی	ئ	س	ع	چ	ج
ب	گ	ا	ق	س	ب	ش	ش	ز	د	ت	ر	ک	ز	ض	ژ
ا	ح	ش	ه	ی	ت	ب	ز	د	ز	گ	ی	ف	ذ	س	چ
ل	غ	غ	ن	ن	و	خ	س	ک	و	ب	ژ	گ	گ	ر	غ
آ	ق	د	ل	ا	ف	ش	ف	ی	ش	ا	ق	ن	خ	گ	و
ذ	ب	س	غ	ب	ک	ص	ر	گ	ن	ق	د	ی	ع	ر	ا
د	ق	آ	ژ	غ	غ	ر	گ	آ	ا	ت	آ	پ	ق	م	ص
ج	ج	غ	ک	ا	ف	م	د	ل	آ	ح	ز	م	د	ی	ی
ن	ح	ث	آ	ب	ن	ز	ض	ن	ف	ر	ش	ک	پ	ل	ی
ع	ئ	ل	ش	ک	ک	ج	ف	ک	م	ف	ث	ح	ق	ی	ق
ق	ل	ظ	ج	ح	ف	ی	پ	د	ط	د	د	خ	ر	ب	ب
س	ز	ش	خ	ل	د	ب	ی	س	ب	ا	ل	ف	ز	ی	ز
پ	ی	ا	د	ه	ر	و	ی	م	ا	ه	ی	گ	ی	ر	ی

هنر
بیسبال
بسکتبال
بوکس
کمپینگ
غواصی
ماهیگیری
باغبانی
گلف
پیاده روی

سرگرمی
نقاشی
مسابقه
آرامش بخش
فوتبال
موج سواری
شنا کردن
تنیس
سفر
والیبال

71 - Driving

پ	ز	ر	چ	گ	ز	ذ	آ	ص	گ	ژ	ک	ط	و	ب	ژ
ر	ط	ا	پ	ک	ک	ی	ف	ا	ر	ت	ر	آ	ض	ت	ز
ب	ب	ن	د	ه	د	ا	ی	پ	ر	ب	ا	ع	ن	ظ	غ
ت	س	ن	ت	ع	ر	س	م	آ	ت	پ	ل	ی	س	خ	آ
ب	ل	د	ص	ذ	ع	ن	ک	ی	خ	ن	و	ک	غ	ح	ث
م	ز	ه	ا	ل	ج	ق	ن	ن	و	ط	ن	ق	ش	ه	ت
ث	و	غ	د	ث	ا	غ	ص	م	س	ن	ر	ص	ظ	ع	و
م	ج	ت	ف	د	د	و	ط	ی	ط	ئ	ی	ف	ئ	ح	ن
ق	م	پ	و	ل	ه	ک	ژ	ا	ر	ا	گ	ش	چ	ک	ل
د	ن	ث	ث	ر	خ	ب	س	ض	غ	ح	ک	ح	ا	آ	ت
گ	س	ی	آ	ض	س	خ	ط	ر	م	و	ت	و	ر	م	ف
ا	ا	ط	آ	ض	د	ی	ذ	ح	ل	گ	ث	ف	ذ	ظ	ج
ز	ظ	ل	ی	ر	د	ل	ک	غ	چ	ش	ع	ي	و	ل	ن
م	آ	ق	س	غ	پ	ت	ض	ل	ق	آ	ق	و	س	ژ	ص
ر	ف	ض	ز	ی	ص	ت	ژ	ع	ت	م	ط	گ	آ	ب	ک
ت	ت	خ	ئ	ئ	و	ب	ص	ئ	ذ	ب	د	ج	ح	ر	ص

تصادف
ترمز
ماشین
خطر
راننده
سوخت
گاراژ
گاز
مجوز
نقشه

موتور
موتورسیکلت
عابر پیاده
پلیس
جاده
ایمنی
سرعت
ترافیک
کامیون
تونل

72 - Biology

ط	ر	ل	ز	ب	ا	ی	ژ	غ	ذ	خ	ق	ف	ج	آ	ت
ذ	ي	غ	ل	م	ا	ک	ت	م	ئ	غ	ي	ئ	س	س	ث
ص	ط	ی	ژ	ر	ظ	ک	آ	ن	ا	ت	و	م	ی	ط	ب
ف	ت	و	س	ن	ت	ز	ت	ن	م	و	غ	ع	ر	غ	س
ی	ع	و	ن	و	ي	ق	ح	ر	ذ	ر	ق	ظ	ث	ظ	ز
ج	ط	ت	ا	آ	ت	د	آ	س	ی	ج	ن	ت	د	ي	ل
د	ن	ی	ئ	ت	و	ر	پ	ز	ض	گ	م	ظ	ظ	ط	ا
د	ژ	ی	ت	س	ی	ز	م	ه	د	ن	ز	خ	د	گ	س
ع	ا	ع	ن	ک	ر	و	م	و	ز	و	م	س	ج	ه	ش
ص	ل	ی	پ	ث	س	ژ	ب	س	م	ب	آ	ظ	ل	ص	ث
ب	ک	ب	ج	ر	چ	د	خ	پ	س	ي	ن	ث	د	و	غ
ز	ذ	ط	پ	ئ	ش	ز	ح	ا	ا	ث	و	خ	ف	ا	ل
ج	ن	ئ	ا	پ	س	ت	ا	ن	د	ا	ر	ق	س	ن	س
ذ	ژ	پ	گ	ع	ز	م	ژ	ی	س	ه	و	ر	م	و	ن
ص	ی	ظ	ا	ث	چ	ظ	خ	س	ف	ل	ن	ط	ص	آ	ز
ف	ظ	گ	س	ر	ز	آ	ن	ز	ی	م	ظ	ي	س	ذ	ج

آناتومی
باکتری
سلول
کروموزوم
کلاژن
جنین
آنزیم
تکامل
هورمون
پستاندار
جهش
طبیعی
عصب
نورون
اسمز
فتوسنتز
پروتئین
خزنده
همزیستی
سیناپس

73 - Professions #2

م	ل	ع	م	ن	ک	ف	ل	پ	چ	پ	ث	پ	ج	پ	پ
ث	خ	ح	ی	گ	س	ا	ن	ش	ن	ا	ب	ز	ا	ل	ض
ئ	ص	ت	خ	ب	ر	ن	گ	ا	ر	و	غ	ش	ن	س	آ
م	ط	گ	ر	ا	د	ر	و	ن	ا	ض	ف	ک	و	و	ث
ر	ق	ک	ح	ع	ب	ع	گ	ص	ب	ا	ي	ش	ر	ت	ذ
ا	ض	م	گ	م	ض	ن	ز	ر	و	ا	ش	ک	ش	ر	د
د	ن	د	ا	ن	پ	ز	ش	ک	ی	ج	ن	و	ن	ج	ژ
ب	ش	س	ن	ي	ط	ف	ی	ل	س	و	ف	و	ا	ر	ي
ا	پ	ک	ا	ر	ا	گ	ا	ه	د	ح	ص	ت	س	ا	س
ت	ن	ز	ب	ک	ا	ق	ز	آ	ن	آ	ظ	ت	ع	ح	ئ
ک	ن	پ	غ	چ	ع	خ	ل	د	ه	ف	ژ	ع	آ	ی	ر
ک	ج	ش	ا	ق	ن	ئ	ئ	ل	م	ذ	چ	ل	آ	ظ	ث
س	و	آ	ب	س	ا	ن	ش	ت	س	ی	ز	پ	ط	س	غ
ج	ش	و	ص	ن	ب	ذ	خ	ن	ج	ت	ي	س	آ	د	ک
ژ	گ	د	و	ج	ل	ج	ا	ژ	ي	ت	ق	پ	و	ل	ص
ت	پ	ش	ز	ل	خ	غ	ح	ظ	س	ک	ک	ظ	ع	ط	ی

فضانورد
زیست شناس
دندانپزشک
کاراگاه
مهندس
کشاورز
باغبان
تصویرگر
مخترع
خبرنگار

کتابدار
زبانشناس
نقاش
فیلسوف
عکاس
پزشک
خلبان
جراح
معلم
جانورشناس

74 - Mythology

ظ	ن	ض	غ	م	ئ	غ	د	ل	د	ک	ه	ی	و	ل	ا
ژ	و	ي	ر	خ	خ	ر	م	غ	ق	ه	ر	م	ا	ن	ر
ت	س	ظ	ن	ذ	ل	ف	ظ	ژ	ن	ب	ه	ش	ت	ع	ح
و	ت	ر	ا	ز	ه	ت	گ	ن	ه	ر	ف	ق	د	ص	ا
ت	ث	ص	ی	ن	و	ا	ئ	ث	ت	د	ا	و	و	خ	ی
ن	ی	غ	ا	ی	ئ	ر	ا	ق	ر	م	ب	ج	ج	ط	ج
د	ف	س	د	ا	ه	ر	و	ا	ب	ر	خ	گ	و	ئ	ا
ر	ف	ج	خ	پ	ح	ف	ط	و	ق	ع	ص	ن	م	ح	د
ا	ی	گ	ن	ا	د	و	ا	ج	ی	ع	غ	ج	ط	ح	ف
ح	ن	ص	خ	ب	ک	ک	ر	گ	ح	ی	ر	غ	ج	ض	ی
ث	ا	و	گ	ل	ا	ن	ه	ک	س	ص	س	ل	ح	ي	ن
آ	ف	ف	چ	ج	ث	ث	ف	ح	ا	گ	ا	ث	ص	ض	ج
ب	ص	گ	ن	ص	ئ	ع	ا	ق	د	ئ	گ	س	ب	خ	ث
غ	ض	ن	غ	پ	ث	ز	ج	ت	ت	ذ	م	ج	ث	ع	س
ح	ي	ژ	ق	ظ	ق	ب	ع	و	ح	خ	خ	و	و	م	ر
پ	خ	ب	و	ر	خ	ث	ه	ث	ي	د	ض	خ	خ	ی	ق

کهن الگو
رفتار
باورها
ایجاد
موجود
فرهنگ
خدایان
فاجعه
بهشت
قهرمان

جاودانگی
حسادت
هزارتو
افسانه
رعد و برق
هیولا
فانی
انتقام
تندر
جنگجو

75 - Agronomy

آ	ل	ی	س	ا	ن	ش	م	و	ب	ذ	ص	ص	د	ا	ح
ص	ش	ی	ا	س	ر	ف	ع	ل	م	آ	ب	ش	پ	ن	گ
ز	ز	ا	س	ب	ز	ی	ج	ا	ت	ض	خ	م	ج	ر	ی
گ	ک	س	ي	م	ف	ض	و	ی	ذ	ج	ئ	ب	ح	ژ	ح
ا	و	ا	ز	ه	ع	ل	ا	ط	م	غ	ث	گ	ي	ی	ض
چ	د	ن	ق	ن	گ	م	ل	ج	ا	خ	و	غ	ي	ی	ح
م	گ	ش	ی	ا	پ	ی	آ	غ	و	ئ	ص	ج	و	ا	ض
ت	و	ل	ی	د	ن	ی	ا	غ	پ	خ	ض	ک	آ	ت	ح
س	غ	م	چ	ش	م	ض	س	ه	ت	چ	م	گ	ل	س	ت
ی	س	ن	ف	ر	ح	ک	ئ	غ	ا	س	غ	ع	و	و	غ
س	ي	ل	چ	گ	ی	پ	ا	ک	ا	ن	غ	ص	د	ر	ر
ئ	ر	ح	د	غ	ط	ک	ش	ا	و	ر	ز	ی	گ	د	گ
چ	غ	ج	ر	و	پ	گ	گ	ظ	ل	ن	ث	چ	ی	ت	ح
ذ	ض	د	س	ش	ش	ن	ث	ض	ذ	ژ	ح	ق	چ	آ	ب
پ	ح	گ	ی	ع	ج	ز	چ	و	غ	ذ	ث	ي	پ	ا	ظ
و	ز	م	ا	آ	ژ	ث	م	ض	خ	ج	غ	ظ	آ	ج	ق

کشاورزی
بوم شناسی
انرژی
محیط
فرسایش
کود
غذا
رشد
شناسایی
آلی

گیاهان
آلودگی
تولید
روستایی
علم
دانه
مطالعه
سیستم
سبزیجات
آب

76 - Hair Types

ن	ک	ص	س	ع	ژ	گ	س	ژ	ي	ط	ژ	غ	ک	ث	خ
و	ب	ا	م	ج	ز	ن	ف	ض	ذ	م	چ	ظ	ط	ا	ا
ا	و	م	چ	ی	ث	ی	ی	خ	ب	ط	ش	د	ک	ش	ن
ر	ر	ک	م	ش	س	ت	د	ی	ژ	ا	ذ	س	ذ	و	ر
ه	د	م	ش	ط	د	غ	ع	م	ا	س	ت	ا	ئ	ب	م
ا	ک	و	د	س	گ	گ	ق	ث	ر	ر	ط	خ	ض	ا	ذ
ک	س	ج	خ	ش	ک	ق	ب	چ	ی	د	ن	ل	ب	ف	ي
ی	ی	ی	ط	گ	ز	ر	ا	ا	چ	آ	چ	ل	د	ت	ج
ظ	ا	غ	ع	ب	ا	غ	غ	آ	ف	ک	ئ	و	ف	ه	ف
ش	ه	ک	ژ	ق	ن	ف	ح	پ	ر	ف	ئ	ب	خ	ر	گ
ق	ج	ح	ح	آ	و	خ	ذ	ف	ی	گ	ن	ر	ف	ژ	ئ
د	ج	آ	ت	ق	ا	آ	ه	ا	ت	و	ک	ر	د	ئ	ش
ژ	ض	ن	ن	ظ	ر	ئ	ئ	د	د	ل	ی	ض	ذ	د	د
ر	چ	پ	خ	ظ	ب	ض	ا	ت	م	ل	ا	س	ي	آ	د
ن	م	ژ	ا	ک	ک	ح	ز	ر	ا	ا	و	ی	ع	ض	آ
ت	آ	ش	ظ	ج	ف	ب	ث	ف	ژ	ح	ت	س	ي	ژ	ض

طاس
سیاه
بور
بافته
نوارها
براون
رنگی
فر
فرفری
خشک

خاکستری
سالم
بلند
براق
کوتاه
نرم
ضخیم
نازک
موجی
سفید

77 - Garden

پ	پ	ژ	غ	ک	ف	ج	ق	و	آ	ح	ص	د	ر	خ	ت
ص	ن	ژ	ک	ذ	ظ	ر	ع	ل	ف	ه	ا	ی	ه	ر	ز
ز	ن	ا	ل	ص	چ	چ	ر	س	ا	گ	ا	ر	ا	ژ	س
ي	ی	ظ	ف	ع	ظ	ظ	ش	ن	ع	ض	ل	م	ص	و	و
د	غ	ا	ب	ع	پ	ب	خ	د	ف	ر	پ	ق	ت	ژ	خ
پ	ئ	ذ	ر	ف	ژ	ژ	ز	ا	ب	و	ش	خ	ظ	س	ج
غ	ع	گ	ش	ب	گ	چ	ب	ی	ل	ل	ن	ج	ث	ا	و
ز	ژ	ج	ژ	ق	م	ي	م	ی	ن	گ	ی	ه	د	ر	ن
ن	ط	ژ	ب	ج	ح	ض	ن	گ	چ	چ	م	ک	ت	ت	ا
ض	ک	خ	ظ	ن	ش	ح	چ	ح	خ	ا	ک	ر	ل	ل	ب
و	ج	ق	ئ	ک	ک	م	ز	ک	ک	ل	ت	ب	ي	خ	ق
ي	ک	گ	آ	ص	ن	د	ف	ک	ص	ي	ح	م	ز	ث	گ
م	ض	ق	ظ	ط	ش	ح	ص	ذ	ق	ط	ن	ا	و	ی	ا
و	ن	ل	ح	آ	ی	ب	ش	د	ن	ذ	آ	ح	ک	ا	ت
ض	ا	م	آ	ح	پ	ث	ظ	م	گ	ع	ض	ف	ن	ض	ز
ئ	ص	و	ش	چ	ظ	و	ژ	ط	پ	ث	ث	ذ	غ	ز	ض

ایوان
شن کش
بیل
خاک
تراس
ترامپولین
درخت
تاک
علف های هرز

نیمکت
بوش
نرده
گل
گاراژ
باغ
چمن
بانوج
شلنگ
برکه

78 - Diplomacy

ظ	س	ش	ز	ط	ص	چ	ي	ر	ذ	س	و	ج	چ	ش	ث
ذ	س	ى	ل	ل	م	ز	ا	ژ	ض	غ	ف	ک	ئ	ه	ط
ه	م	ک	ا	ر	ى	ض	ک	ل	ى	ى	ر	ى	گ	ر	د
ق	ق	ئ	ط	ض	س	ش	ت	ل	و	د	ئ	ت	ر	و	ع
ض	پ	ع	ژ	و	ن	ف	ل	ح	ه	ا	ر	ا	ى	ن	ي
ط	ن	ش	ق	ا	ط	م	ا	ى	ح	ط	ص	م	ح	د	م
ي	چ	ج	ا	ط	ن	غ	د	ر	ى	ق	ا	ل	خ	ا	ع
ت	ف	م	ض	ط	ن	ا	ع	ن	ت	ن	ي	پ	ق	ن	ا
ى	ر	ب	و	ص	چ	ف	ت	م	ى	و	و	ى	ج	ا	ه
خ	س	ح	ر	ل	ف	د	س	ج	ن	ض	چ	د	ت	م	د
ک	گ	ث	و	ج	ع	ى	ا	ن	م	ي	ي	غ	د	ئ	ه
ى	ک	پ	ا	ر	چ	گ	ى	ا	ا	ک	ث	ب	ت	س	ش
ع	م	ب	ش	ر	د	و	س	ت	ا	ن	ه	و	ض	و	ح
غ	ث	ج	م	ب	ت	ج	ق	د	ظ	ژ	م	ص	چ	ص	چ
ع	ح	ت	ب	گ	د	ق	ي	ق	ى	آ	ق	ا	م	ک	ط
ص	ص	ج	س	ت	و	خ	ى	ف	و	آ	ت	ف	گ	ع	ث

مشاور
سفیر
شهروندان
مدنی
انجمن
درگیری
همکاری
دیپلماتیک
بحث
سفارت

اخلاق
دولت
بشردوستانه
یکپارچگی
عدالت
سیاست
وضوح
امنیت
راه حل
معاهده

79 - Beach

ا	ش	ت	خ	ى	ي	ق	ق	ث	غ	خ	چ	ث	ئ	ژ	ص
ئ	ق	ن	ل	و	ز	ژ	ض	ى	ش	ر	ق	ذ	ژ	ف	ن
د	چ	ى	ب	آ	ر	ت	چ	ن	ص	چ	ا	ئ	س	ئ	د
آ	ئ	ط	ا	ع	ف	ش	ذ	ا	غ	ن	ى	م	ش	آ	ل
ت	د	ن	ث	ن	گ	د	ى	ب	د	گ	ق	ز	ط	ع	ح
ح	و	ل	ه	ژ	و	غ	ى	د	د	ظ	ش	ي	ع	ر	ا
ز	ى	ن	ه	ل	ک	س	ا	ا	ر	ط	ا	ى	ش	ن	س
پ	و	س	ت	ه	خ	ى	ى	ب	ى	ژ	ت	ا	ل	ا	ب
ئ	پ	س	چ	ر	چ	ک	ر	ق	ا	خ	ک	ر	ي	خ	ف
ب	ئ	ل	ن	ى	ژ	ک	د	ى	ت	ع	ط	ى	ل	ا	ت
ا	ت	ل	ي	ز	گ	ف	ه	ا	ا	س	ث	ا	ن	خ	خ
ج	گ	ب	ذ	ج	ب	آ	پ	ق	ع	ج	ش	ژ	ط	ذ	ص
ض	ى	ظ	ئ	ث	ئ	ذ	ت	ا	ج	ث	ض	چ	ي	گ	ظ
غ	ک	ش	ژ	خ	ن	ا	خ	ث	م	ش	و	چ	و	ق	م
س	ن	چ	ک	ژ	غ	ى	ل	د	ف	ج	ف	س	ج	ط	غ
د	م	ا	ص	گ	ض	ث	ى	ط	د	ظ	ج	ر	گ	ط	ز

آبی
قایق
ساحل
خرچنگ
اسکله
جزیره
تالاب
اقیانوس
تپه دریایی

قایق بادبانی
شن
صندل
دریا
پوسته
خورشید
حوله
چتر
تعطیلات

80 - Countries #1

د	ا	م	ا	ن	ا	پ	آ	ذ	ن	ش	ت	ئ	ئ	ل	آ
ن	غ	ک	س	ن	گ	ا	ل	ب	ق	ث	ي	ژ	ظ	خ	چ
گ	خ	ب	ط	ج	ص	س	م	ف	گ	ی	ظ	ي	ض	د	ف
ل	ا	ت	ز	ث	ظ	چ	ا	آ	ن	چ	ض	ب	ج	د	ی
ژ	پ	گ	ا	ن	ک	ا	ن	ا	د	ا	م	د	پ	ي	ذ
ق	ا	ر	ع	ا	س	ر	ا	ی	ی	ل	پ	ن	ن	ف	ع
ف	ئ	ص	ذ	ت	پ	س	ن	ل	ژ	ئ	ر	ا	پ	ف	س
ج	ض	م	ت	س	ي	و	خ	ا	ط	و	ص	ل	آ	خ	ض
م	ج	پ	ز	ه	ت	خ	ط	ت	ژ	ز	م	ن	ي	ی	ا
ر	آ	ي	ج	ل	و	ب	ش	ی	ز	ن	ئ	ف	ف	س	و
ا	ض	غ	پ	ظ	ل	ک	ز	ا	ن	و	ج	ئ	پ	ذ	ی
ک	ی	ر	ی	ن	ا	م	و	ر	ک	ح	ن	ا	ش	س	ت
ش	ه	ئ	و	گ	ا	ر	ا	ک	ی	ن	ن	ن	ل	گ	ن
ت	م	پ	ی	ب	ی	ل	ب	ث	ج	ی	ش	ا	د	غ	ا
د	ث	د	ي	ی	ط	ج	س	م	ا	ن	گ	ث	ح	ط	م
ل	ق	ئ	س	ل	ی	ز	ر	ب	د	ل	ص	ط	ش	د	گ

برزیل
کانادا
مصر
فنلاند
آلمان
عراق
اسراییل
ایتالیا
لتونی
لیبی

مراکش
نیکاراگوئه
نروژ
پاناما
لهستان
رومانی
سنگال
اسپانیا
ونزوئلا
ویتنام

81 - Adjectives #1

ش	ا	ز	ن	ن	آ	ث	ق	س	آ	س	س	ذ	ژ	ط	ع
م	ب	ظ	ق	د	ئ	م	د	ژ	ظ	ظ	ت	ش	ا	گ	ج
ج	ا	ه	ط	ل	ب	ئ	ش	ص	ئ	ط	ق	چ	ف	ا	ی
ح	ب	ن	ط	ا	ط	ک	ر	ر	ب	غ	ط	ی	ئ	ک	ب
چ	ی	ا	ز	ح	خ	م	ا	ه	ن	ر	ی	د	ج	ن	و
ط	ز	د	ح	ش	ک	ت	ت	آ	ی	م	ه	م	ق	د	غ
ی	ل	ن	چ	و	ت	ق	ل	ص	گ	ي	ب	ژ	ق	ئ	ر
م	د	م	م	خ	ع	ذ	ذ	ا	ن	ض	ع	ق	پ	ا	ی
ف	ط	ت	ک	د	ح	ت	غ	د	س	ا	ج	ذ	ا	ب	ب
ج	ا	و	غ	ی	ر	گ	آ	ق	گ	ج	س	م	ع	ط	ر
ج	ذ	ا	ن	ف	م	ن	چ	ر	ش	ن	م	ک	ز	ا	ن
د	ع	خ	گ	م	ب	ا	ا	ر	ز	ش	ن	ی	ی	ف	ا
ی	س	س	ل	خ	ق	ص	ی	ر	آ	ر	گ	ر	و	س	د
ر	ت	ی	چ	ظ	ص	ف	ر	ج	ت	ا	ذ	ا	ظ	ح	س
ی	ب	چ	ز	غ	ي	م	ک	ف	ض	م	ز	ت	گ	و	ض
ش	ظ	پ	ض	ئ	پ	ژ	ص	ق	ج	ا	ط	خ	ي	ج	ح

مطلق
جاه طلب
معطر
هنری
جذاب
زیبا
تاریک
عجیب و غریب
سخاوتمندانه
خوشحال

سنگین
مفید
صادق
یکسان
مهم
مدرن
جدی
کند
نازک
با ارزش

82 - Rainforest

ا	پ	د	ت	ئ	پ	ض	ا	م	ط	ط	گ	ي	و	ق	خ
ف	ع	پ	ر	ئ	ر	د	ح	ن	ا	ی	ح	ی	پ	ژ	ذ
پ	ص	خ	م	پ	ن	س	ت	گ	ق	غ	ف	ض	ی	ف	ل
ح	س	ث	ی	ث	د	ح	ر	ص	آ	س	ظ	د	د	ظ	گ
ت	ش	ت	م	و	گ	خ	ا	د	و	ز	ی	س	ت	ا	ن
ص	و	ر	ا	آ	ا	ز	م	ی	ل	ق	ا	ن	ع	ذ	ج
ی	خ	غ	ا	ن	ن	ه	ت	ن	و	ع	ع	ظ	ی	ي	ث
س	ب	م	ی	ت	د	د	ش	غ	ب	ص	ف	ز	ب	ف	ش
ا	ن	ج	م	ن	و	ا	ز	ا	ف	ا	ن	ا	ط	ع	غ
ن	آ	آ	و	خ	د	ح	ر	ا	ب	ث	ل	غ	ع	ج	ط
ش	ث	ح	ب	گ	ع	ث	ا	ا	ب	ر	پ	ن	ا	ه	و
ه	ي	ک	ئ	ف	د	گ	ا	ی	ن	ي	ه	ض	ب	ق	ا
ا	و	ج	ف	و	ج	ث	ب	س	ا	ن	و	ا	آ	ی	د
ی	د	ژ	س	ر	ط	ع	ض	پ	ث	ل	ح	ز	ل	ر	ض
گ	آ	پ	ی	ج	ل	ت	غ	چ	ع	ا	ل	ث	ق	پ	ح
ص	ط	د	ز	ط	ژ	ذ	ا	غ	ل	ی	و	و	غ	م	ا

پستانداران
خزه
طبیعت
حفظ
پناه
احترام
ترمیم
بقا
با ارزش

دوزیستان
پرندگان
گیاه شناسی
اقلیم
ابرها
انجمن
تنوع
بومی
حشرات
جنگل

83 - Global Warming

ق	ج	س	ر	ژ	ص	ح	خ	ت	ب	ف	آ	ل	ژ	ح	غ
ع	ب	چ	ذ	ک	و	ذ	ظ	و	ی	ی	ص	ل	ق	د	ت
ک	ع	ک	خ	ا	ن	ش	ب	س	ن	ق	آ	غ	ل	ي	ن
ز	ه	د	ا	د	س	ئ	ظ	ع	ا	و	د	ذ	خ	چ	خ
ا	ی	ک	و	ق	ت	ر	ز	ه	ل	ع	ن	ر	ذ	ز	ژ
گ	ن	س	ق	ي	ل	ج	ز	ب	م	ث	م	ک	ز	ص	ئ
ب	ي	و	ت	ع	و	ی	ک	ح	ل	ی	ش	ا	ل	ش	ص
ق	ن	ش	ی	گ	د	ق	م	ر	ل	ح	ن	غ	ق	ث	ق
ظ	ت	ع	ع	ژ	ا	ي	ث	ا	ی	غ	ا	د	ل	ی	س
د	ط	ر	م	س	ص	ه	د	ن	ی	آ	د	ن	س	ل	ح
م	ک	ه	ج	و	ت	م	ح	ی	ط	ی	ي	ی	ت	ص	پ
ا	د	ق	ث	ک	ع	پ	گ	ژ	ق	ط	ب	ش	م	ا	ل
ض	ذ	د	ک	غ	ن	ز	خ	ر	پ	ض	و	ف	و	ز	ط
ع	ث	ن	ج	ل	ص	ژ	م	ن	ذ	و	ش	س	ض	ع	و
ط	ق	ا	ن	و	ن	گ	ذ	ا	ر	ی	ش	ژ	ط	ط	م
و	د	خ	ی	م	ض	ج	ت	ي	ش	ي	غ	ج	ج	م	د

قطب شمال
توجه
اقلیم
بحران
داده
توسعه
انرژی
محیطی
آینده
گاز

نسل
دولت
زیستگاه
صنعت
بین المللی
قانون گذاری
اکنون
جمعیت
دانشمند
دما

84 - Landscapes

ر	آ	ث	ق	ص	ئ	ا	آ	آ	ر	د	ر	ی	ا	ث	ک
ژ	و	خ	خ	م	ف	ت	گ	ب	ی	ئ	ش	ق	س	ث	و
غ	ا	ر	ل	ا	چ	خ	ی	ش	ی	ک	ی	ه	پ	ت	ه
پ	ه	ی	د	ر	آ	ی	غ	ا	ض	ا	ئ	چ	د	ا	ح
خ	ظ	و	ع	د	ح	ه	ظ	ر	ن	ئ	د	ض	ب	پ	ا
ن	ع	ک	چ	ن	ل	و	آ	و	ح	ش	ن	س	و	چ	و
ذ	م	ح	س	ت	ر	ک	س	د	ر	ی	ا	چ	ه	ب	ا
ت	ت	ه	ر	ی	ز	ج	ه	ب	ش	ح	ش	ش	ر	ي	ذ
ط	ذ	ر	ق	م	گ	ئ	ن	ص	ل	ر	ف	ل	ی	غ	ج
ئ	ط	و	س	ق	ز	ي	ط	ک	ج	ق	ش	و	ز	ن	پ
د	ب	د	ف	ن	ز	ذ	د	ظ	ی	م	ت	م	ج	ع	ی
ج	ض	خ	ج	ق	ا	ل	ت	ا	ب	ا	آ	ط	ف	ظ	س
م	پ	ا	ز	ر	ک	ک	ذ	م	ض	ح	ف	ک	ج	ب	ا
ژ	ي	ن	ض	د	م	ي	غ	ف	آ	ل	م	ذ	ا	ا	ذ
ض	د	ه	ش	ر	ف	ی	ف	و	غ	ا	م	ژ	آ	ر	ط
ا	ب	ر	ز	ه	ش	ث	ف	ذ	س	و	ل	ژ	ی	ض	ا

ساحل
غار
صخره
کویر
یخچال
تپه
کوه یخ
جزیره
دریاچه
کوه

واحه
اقیانوس
شبه جزیره
رودخانه
دریا
باتلاق
تندرا
دره
آتشفشان
آبشار

85 - Visual Arts

ی	س	ک	ع	ژ	ک	ئ	ض	آ	س	د	ز	ح	ر	پ	ک
خ	پ	ی	ظ	ث	ف	ک	گ	س	ر	ک	ا	خ	ت	ا	گ
د	ط	ق	ج	ل	ي	و	م	م	ا	ت	د	ک	ت	ئ	ث
خ	م	ل	ن	ض	ظ	ل	ق	س	م	ش	ن	ب	چ	ئ	ی
ل	پ	ل	ض	ت	ل	آ	ز	ت	ی	ق	ا	ل	خ	د	ص
م	ش	ق	ک	ی	ف	ف	ز	ا	ک	پ	م	ب	ض	گ	ح
ا	ن	ف	س	پ	م	ث	د	ي	آ	پ	ش	ض	ل	ب	ث
ی	ق	س	ف	م	ع	ی	ی	ق	پ	ظ	چ	چ	خ	و	ر
خ	ا	ج	ي	و	ج	ت	ر	ک	ی	ب	ب	ن	د	ی	ن
و	ش	د	گ	م	ي	س	ا	ض	ش	گ	ظ	ق	ع	ض	ض
د	ی	ئ	ب	ز	ف	ک	م	ق	ب	ه	ی	ا	پ	ه	س
ک	ف	ی	ل	م	س	ع	ع	ه	ج	آ	ن	ی	گ	ئ	خ
ا	ز	ف	ل	ر	ا	ي	م	ر	س	د	ت	ر	چ	گ	ث
ر	ا	ک	ه	ا	ش	ش	پ	ت	غ	ا	ل	ف	م	چ	ذ
ز	ذ	ز	ل	ب	ت	ک	ذ	ر	ي	د	ز	م	ر	ن	ص
س	آ	ژ	ظ	و	ج	ق	ظ	پ	ب	م	ژ	ی	آ	ب	د

نقاشی
خودکار
مداد
چشم انداز
عکس
پرتره
مجسمه سازی
شابلون
موم

معماری
هنرمند
سرامیک
گچ
خاک رس
ترکیب بندی
خلاقیت
سه پایه
فیلم
شاهکار

86 - Plants

و	ک	و	ب	ض	ق	د	غ	ک	ز	ط	ح	ر	و	غ	د
ص	ی	گ	ل	و	ب	ی	ا	چ	ض	ت	ز	ی	ژ	ا	ش
س	ج	ي	ص	ق	گ	ک	ب	ح	ژ	ب	و	ش	ث	آ	س
پ	ن	پ	ل	ص	ت	ف	و	ب	م	ا	ب	ه	ق	ف	ل
چ	گ	ن	ی	و	و	ل	ل	ط	ژ	ح	ف	چ	ض	ي	گ
م	ل	ف	س	ظ	ت	و	ف	د	گ	آ	ع	ه	ق	ا	س
ی	غ	ل	ا	پ	ز	ر	د	ل	ر	ف	ی	ط	ظ	ح	ئ
ذ	ک	ع	ن	ژ	گ	ز	ب	گ	ب	ي	غ	ژ	ن	ض	ذ
غ	د	ق	ش	پ	ت	ر	ق	ک	و	ا	ژ	پ	ر	غ	ف
ن	م	چ	ه	ج	گ	ث	ک	ض	خ	غ	ز	ق	ض	پ	ظ
ی	ل	ج	ا	ط	ژ	ژ	ب	ز	ا	ا	ئ	ظ	ط	ی	ا
ض	ش	ب	ی	خ	ر	ه	ز	خ	ش	ف	گ	ن	ع	چ	ق
ز	ن	د	گ	ی	گ	ی	ا	ه	ی	ع	ب	ی	ث	ک	ز
خ	ف	ع	د	ش	ب	ص	خ	ف	ک	ص	ظ	ت	خ	ر	د
ی	ن	ض	ظ	م	م	ص	ر	خ	ق	ح	خ	گ	پ	و	ي
ق	ث	آ	ص	ش	غ	ز	ل	د	ف	ژ	ئ	گ	ک	ژ	ب

جنگل
باغ
چمن
پیچک
خزه
گلبرگ
ریشه
ساقه
درخت
زندگی گیاهی

بامبو
لوبیا
توت
گیاه شناسی
بوش
کاکتوس
کود
فلور
گل
شاخ و برگ

87 - Boxing

ژ	خ	ص	م	ژ	ف	گ	ط	س	ب	ل	ب	ر	آ	ن	ص
م	و	ر	ئ	ب	ن	ئ	ن	ش	ا	گ	ي	ظ	چ	ظ	ب
و	ه	و	غ	ق	ي	ل	ا	ح	ز	د	ل	د	خ	ت	ک
ک	ت	ا	س	ر	ی	ع	ب	ح	ی	ز	ژ	ق	ه	م	ک
ع	س	د	ر	ب	د	ن	ا	م	ا	د	ض	ج	ن	ر	آ
ز	خ	ب	س	ت	ا	م	د	ص	ب	ن	و	ع	ا	ک	ح
ش	ب	ت	س	ت	ظ	ق	ج	ف	ی	ر	ح	ل	چ	ز	ل
م	ض	ذ	ق	ا	ک	ه	ک	و	ا	پ	گ	و	م	ر	ل
غ	ظ	ذ	غ	چ	ش	ش	ا	گ	س	ث	ف	ب	خ	س	ش
ش	ح	ش	م	غ	ل	و	ذ	آ	ت	ج	غ	ش	ث	ف	پ
پ	ک	ث	ض	ص	ز	گ	ي	ر	ح	ذ	پ	و	ف	ف	ظ
م	ظ	ت	ج	ن	گ	ن	د	ه	ک	ح	م	آ	و	ث	ب
خ	ر	ذ	پ	د	ض	ت	ی	ي	ا	چ	ش	ش	ظ	ع	ظ
ع	ذ	ن	ض	ذ	م	ل	ر	ذ	م	غ	ا	ض	ت	ب	ظ
ر	ض	ن	د	ن	ط	ز	ج	ک	ت	ا	ی	ک	ز	گ	ذ
د	م	ط	د	ح	ز	ب	ئ	ژ	ط	ر	س	خ	ل	ک	و

بل
بدن
چانه
گوشه
آرنج
خسته
جنگنده
مشت
تمرکز
دستکش

صدمات
لگد زدن
حریف
سریع
بازیابی
داور
طناب
مهارت
استحکام

88 - Countries #2

ا	و	ا	گ	خ	ح	ل	ظ	ص	ل	چ	ظ	س	ل	پ	ئ
ت	پ	د	ا	ق	گ	ل	خ	ذ	ص	ر	ه	س	و	ا	ل
ی	ل	ا	م	و	س	ظ	ن	ي	د	ط	ی	ا	م	ک	ج
و	ز	غ	ح	آ	ي	د	ا	ن	م	ا	ر	ک	ک	س	ا
پ	ت	غ	ا	ل	م	ظ	ذ	پ	آ	ن	و	پ	ز	ت	م
ی	چ	ئ	و	ب	ث	ظ	ص	ا	ص	د	س	و	ی	ا	ا
ص	ت	ع	د	ا	چ	ل	خ	ژ	ژ	چ	ز	ی	ک	ن	ئ
ص	ذ	ی	ف	ن	ر	ب	ن	ن	و	ت	خ	آ	س	ی	ی
ئ	ج	ذ	ئ	ی	ص	ن	ا	ی	ر	ب	ی	ل	ص	ا	ک
ص	ب	ن	پ	ا	ل	ا	د	و	ج	ز	م	ن	ت	ر	ا
ع	س	ج	ي	ی	ه	ن	و	آ	گ	ر	غ	پ	ئ	ک	ی
س	ن	ز	گ	ج	ی	پ	س	غ	و	ا	ی	ف	ض	و	ل
ذ	ع	و	ژ	ط	س	ج	ف	ز	ک	د	ن	ه	ذ	ا	پ
ث	ر	گ	ر	د	و	ی	و	ن	ا	ن	ی	د	ض	ش	ق
ئ	م	غ	س	ی	ر	ا	ح	ت	ي	ي	م	د	ا	ا	ر
ن	ا	ف	ص	ا	ز	ط	ذ	آ	ذ	ع	غ	ي	گ	ئ	ل

آلبانی
دانمارک
اتیوپی
یونان
هائیتی
جامائیکا
ژاپن
لاوس
لبنان
لیبریا
مکزیک
نپال
نیجریه
پاکستان
روسیه
سومالی
سودان
سوریه
اوگاندا
اوکراین

89 - Ecology

ز	ص	ب	ص	ل	ب	خ	ع	ت	آ	ژ	ع	گ	ی	ا	آ
ز	ن	د	گ	ی	گ	ی	ا	ه	ی	ص	ب	ی	ص	ب	ق
م	ن	ط	ض	ل	ق	ل	ژ	ا	ش	ع	ب	ا	ن	م	ج
ی	ا	س	ع	ا	د	پ	ث	گ	ذ	چ	ن	ه	ب	ر	خ
ح	ب	ر	ل	س	ژ	ذ	غ	ت	ع	ف	ض	ا	د	م	ث
ي	ل	ظ	ش	ک	د	خ	ز	س	م	ظ	ن	ن	ذ	ژ	ص
ق	ط	ب	ض	ش	ر	ا	د	ی	ا	پ	ج	ه	ا	ن	ی
و	و	آ	ی	خ	ی	ن	خ	ز	و	ع	ب	ت	ق	چ	ی
آ	ا	آ	س	ض	ا	ت	ژ	ا	ج	ا	ن	و	ر	ا	ن
ا	د	ت	د	ت	ی	ر	م	آ	ط	ک	ر	ب	ق	ا	م
س	ل	چ	ک	ژ	ی	غ	م	غ	پ	س	ا	ح	ي	ع	غ
ف	ل	و	ر	ع	خ	ث	ظ	ب	ق	ز	ت	ق	ف	گ	ص
س	د	د	س	چ	و	ژ	ئ	ل	ت	ن	و	ع	ل	ي	ل
ظ	م	ز	ح	ح	ش	ش	ذ	ط	گ	م	ر	ش	ی	ی	س
غ	آ	ژ	خ	ژ	آ	س	ح	ز	ئ	ب	ی	ئ	ذ	ب	م
خ	ص	چ	ئ	ل	د	ط	ب	ی	ع	ی	پ	ق	ب	ف	ط

اقلیم
جوامع
تنوع
خشکسالی
جانوران
فلور
جهانی
زیستگاه
دریایی

مارش
طبیعی
طبیعت
گیاهان
منابع
بقا
پایدار
زندگی گیاهی
داوطلبان

90 - Adjectives #2

گ	ئ	چ	م	ل	ز	ب	ج	ي	ق	و	ر	آ	ر	ف	ب
ش	د	ح	ي	پ	ش	ق	ا	ل	خ	ح	ع	ت	ک	ق	ژ
ذ	چ	م	ی	ش	ق	ت	ل	م	ا	ش	ذ	ب	ج	پ	ج
ظ	ج	ژ	س	ي	و	ی	ب	ع	ص	ی	ژ	ج	ع	ق	ی
ث	گ	د	ی	ئ	ج	د	ه	ت	د	ا	غ	ج	پ	ق	ف
ت	ر	ا	ی	خ	و	و	س	ب	م	ش	ه	و	ر	و	ش
د	س	د	ن	د	خ	ل	ت	ر	ز	ت	و	ص	ی	ف	ی
د	ن	ع	ج	س	ش	آ	س	ف	ک	ی	ج	خ	غ	ئ	س
ظ	ه	ت	ي	ع	ک	ب	گ	ع	چ	ط	ب	پ	ظ	چ	م
ح	ت	س	ط	ب	ظ	ا	ز	ض	م	ق	ب	ا	و	ک	غ
م	ب	ا	ب	گ	م	و	ح	ص	آ	ف	س	چ	ن	ذ	گ
غ	ذ	ا	ی	ش	ي	خ	ق	و	ی	ص	ل	ص	ق	ش	ر
ر	م	ب	ع	ض	ک	ئ	ک	خ	ح	ق	س	ا	ر	ط	ج
و	د	و	ی	م	و	ل	د	ث	ظ	ل	ا	ر	ز	ظ	غ
ر	گ	ز	ب	ت	ی	ژ	چ	ظ	ر	ل	ل	ی	و	ت	پ
ب	ع	ژ	م	ع	م	چ	ظ	چ	چ	خ	م	پ	ف	ي	ش

معتبر
خلاق
توصیفی
خشک
زیبا
مشهور
با استعداد
سالم
داغ
گرسنه

جالب هست
طبیعی
جدید
مولد
مغرور
مسئول
شور
خواب آلود
قوی
وحشی

91 - Psychology

غ	ف	چ	ک	م	ذ	خ	ن	غ	م	ئ	پ	ق	ت	چ	ژ
ث	ف	آ	و	ف	ج	ف	ا	ئ	م	ژ	ش	ر	ج	پ	ع
ط	ح	ئ	د	ض	ر	ئ	م	ط	ک	ح	پ	ا	ر	ا	و
ئ	آ	ا	ک	آ	ع	ع	ر	ا	ر	م	و	ر	ب	ض	ف
ز	ن	ض	ی	خ	ق	پ	د	ر	ا	ا	م	م	ی	چ	ث
و	ا	ق	ع	ی	ت	گ	ه	ز	ک	ظ	ت	ل	ا	ن	ا
ث	ی	د	ظ	خ	ض	ا	ا	ی	ف	ث	ی	ا	ت	ع	ح
ر	و	ی	ا	ه	ا	د	گ	ا	ا	ی	ص	ق	خ	ژ	س
د	د	ض	گ	و	ن	ر	آ	ب	ض	ت	خ	ا	ن	ش	ا
ر	ر	ک	آ	ع	م	ا	د	ی	د	ف	ش	ت	م	ز	س
ف	ف	گ	ت	چ	ش	ک	و	ج	ث	ئ	پ	ا	ط	ح	و
ط	ژ	ت	ی	ن	ک	پ	خ	س	ر	و	ح	س	ف	ن	ئ
ض	س	ص	ا	ر	ل	ب	ا	ل	ی	ن	ی	ا	ض	ت	خ
ژ	ا	ظ	ش	ر	ی	ط	ن	ئ	ي	چ	ژ	س	ح	غ	ي
ر	ا	پ	ق	ت	ذ	پ	و	ج	ث	ش	ض	ح	س	ب	ذ
ت	ص	ت	ش	گ	ط	ژ	ع	ظ	د	ت	ف	ا	آ	ح	ف

قرار ملاقات
ارزیابی
رفتار
کودکی
بالینی
شناخت
درگیری
رویاها
نفس
احساسات

تجربیات
خاطرات
ادراک
شخصیت
مشکل
واقعیت
احساس
درمان
افکار
ناخودآگاه

92 - Math

غ	ض	ی	چ	د	ض	ث	پ	ح	چ	آ	ا	م	ن	خ	ن
ض	ل	ن	ن	ا	ح	و	س	ه	ل	د	ا	ع	م	د	ز
ئ	ق	س	د	ظ	ر	ا	ن	ي	ه	ه	ن	غ	غ	ا	ی
غ	ن	ذ	ض	د	ب	ت	ق	ا	ر	ن	ع	م	و	غ	ي
ز	و	ج	ل	ی	ر	ا	ش	ع	ا	د	د	ی	آ	ت	ح
ل	ج	م	ع	ظ	ط	د	خ	ب	م	س	ه	ع	ت	ب	م
ث	ظ	ن	ی	ل	ق	ذ	ب	ر	ش	ه	ی	ز	ا	و	م
ط	ی	ح	م	گ	گ	ت	غ	م	ش	ص	ج	ق	ز	ق	آ
ج	چ	ا	ق	آ	چ	ل	د	ع	ذ	گ	ط	ح	ی	ی	ص
ل	آ	م	پ	ل	و	خ	ا	ج	ط	ی	ئ	ض	ع	ع	گ
ا	ک	س	ر	و	د	ع	ذ	ژ	ف	ا	ژ	م	د	ا	ع
د	گ	ت	ز	س	گ	ظ	ج	ص	ن	پ	چ	ت	خ	ث	ظ
ظ	ی	ط	م	ن	ض	ع	گ	ي	ع	ج	م	ق	ز	ذ	ت
ح	چ	ی	ج	آ	ن	د	ط	و	ق	ئ	ع	ي	ص	ص	ج
م	ث	ل	ث	ع	ط	ق	د	ق	ز	د	ط	ح	ل	و	آ
ط	ا	آ	غ	ن	غ	ي	ژ	ک	ظ	پ	ا	ي	ع	ل	ر

شماره
موازی
محیط
چند ضلعی
شعاع
مستطیل
مربع
جمع
تقارن
مثلث

زاویه
حساب
دور
اعشاری
قطر
بخش
معادله
نما
کسر
هندسه

93 - Activities

ظ	ب	ق	ح	ص	ق	ر	خ	و	ن	ژ	ص	ن	ب	چ	ئ
ع	ص	ع	ع	ک	ن	ز	ظ	و	د	ا	ج	د	و	خ	ت
ي	ذ	ح	ف	ا	ر	ا	ک	ش	ا	ی	ف	ظ	غ	ل	ذ
س	غ	ش	ا	ع	ک	ا	ی	گ	د	ن	ف	ا	ب	ف	ل
ل	ط	ن	ن	ث	ا	ف	ث	ع	س	ذ	د	ئ	ن	ر	م
ر	خ	ت	م	ک	ژ	ل	ث	ص	د	ت	ژ	ن	ب	آ	ر
ش	د	ي	ع	ت	ش	ئ	ی	ذ	گ	س	ض	ض	ي	ج	ط
م	ا	ه	ی	گ	ی	ر	ی	ت	ک	ز	ت	غ	ا	ر	ف
ا	ض	ج	ن	ف	س	ژ	و	ح	ط	ظ	ق	ی	ض	ژ	ی
ر	ج	م	ا	ش	ا	ح	ر	چ	ل	ج	ف	ژ	غ	ع	ژ
آ	ت	ه	ب	ع	ک	ف	ه	ک	م	پ	ی	ن	گ	ش	ا
ص	ز	ا	غ	ط	ع	ز	د	ی	ق	آ	ق	و	ز	ژ	غ
ي	ش	ر	ا	ج	ز	ک	ا	م	م	ب	م	ع	ز	ژ	ط
س	ج	ت	ب	ه	ن	ر	ی	ا	ض	ج	ب	چ	ق	ي	ژ
ت	خ	د	ژ	ل	د	ذ	پ	ر	چ	ت	م	ر	ت	ا	ا
گ	ژ	غ	ط	ي	و	ح	غ	س	غ	ق	ح	ص	چ	ج	ل

فعالیت
هنر
کمپینگ
سرامیک
صنایع دستی
رقص
ماهیگیری
باغبانی
پیاده روی
شکار

منافع
بافندگی
فراغت
جادو
عکاسی
لذت
خواندن
آرامش
دوخت
مهارت

94 - Business

ل	گ	ی	ح	س	ح	ح	ر	غ	ت	ا	ی	ل	ا	م	و
ب	آ	ل	ص	ی	ا	ن	ح	غ	خ	ر	ج	ز	ث	گ	ي
و	ک	ا	ر	خ	ا	ن	ه	ل	ف	ی	ب	ژ	ش	ذ	ط
د	ن	م	ر	ا	ک	م	ح	ذ	ی	ج	ا	ل	گ	غ	ق
ج	س	ش	ر	ک	ت	گ	ج	خ	ف	ظ	چ	ض	ب	گ	ژ
ه	ر	پ	چ	ر	گ	ا	پ	ذ	ظ	ق	ظ	ی	م	ذ	ئ
ف	م	ئ	ک	خ	ح	ق	ر	و	ژ	ط	ز	ث	ت	ب	ث
ر	ا	چ	گ	ئ	گ	ت	ب	د	ل	و	پ	د	ح	ا	و
ح	ی	ا	ن	ذ	ک	ص	ث	س	ف	ط	ص	م	ک	چ	ی
ض	ه	د	ک	ن	ث	ا	ل	ا	ک	ت	ا	آ	ا	چ	ش
د	گ	ق	م	ث	ف	د	ز	چ	ط	ح	ر	ر	ر	ي	ف
ل	ذ	د	ف	ر	و	ش	گ	ا	ه	ر	د	د	ف	س	ر
ي	ا	ت	گ	ع	ي	ث	خ	چ	ن	ض	ي	ص	ر	ق	و
ظ	ر	چ	س	آ	ک	ص	ل	ن	ی	ئ	د	گ	م	ب	ش
و	ی	ر	ژ	ص	ع	پ	گ	ع	ز	ب	ح	ئ	ا	ع	ث
ژ	ی	چ	ژ	ز	ش	ع	ج	ع	ه	ل	ض	ق	پ	چ	ع

بودجه
حرفه
شرکت
هزینه
واحد پول
تخفیف
اقتصاد
کارمند
کارفرما
کارخانه

مالی
درآمد
سرمایه گذاری
مدیر
کالا
پول
دفتر
فروش
فروشگاه
مالیات

95 - The Company

م س ی ف خ ط ر ا ت ی ا ه ف ر ح ئ
ح ر ب ث ص ي ئ ي ص ز س ص گ ث ی ن
ص م ک ص آ ق ص ی م ط ل ا غ ت ش ا
و ا س ک ل ی ص چ ی ک ک آ ع ي ف ئ
ل ی ب ی ی ا ع ي م ی م ن ت ل ذ ت
ر ه و ف ا گ ع ک ع ژ ص ل ت ر ه ش
ت گ ک ی خ ق ب ق س ه ن ا ق ا ل خ
ص ذ ا ت ی ن ا ه ج ئ گ ل ی ق ح ل
ص ا ر ژ ز ل ن ل ظ ا ا ه د ح ا و
گ ر و ر خ ر م ک ش ر ن ظ ن ن آ ئ
غ ی ض ت ف ر ش ی پ ا ل د ح ر ث ي
ت ج ي پ غ ض د ل ع ذ چ ا و ژ د ي
ظ ز ئ ا غ ظ ر ا م ک ا ن ف ب ت ز
ذ ژ ث ث ي ن آ خ ث غ د ی ت ت ک آ
گ د ن ظ ق ی م ي ص ل ج ط ت ح ج ر
ذ خ غ و گ ي د ئ ب آ س ی ژ ل ب ن

محصول
حرفه ای
پیشرفت
کیفیت
شهرت
منابع
درآمد
خطرات
روند
واحدها
کسب و کار
خلاق
تصمیم
اشتغال
جهانی
صنعت
خلاقانه
سرمایه گذاری
امکان
ارائه

96 - Literature

آ	ب	ن	ک	ز	ض	ذ	ح	ر	ه	ی	ف	ا	ق	ن	ع
د	ن	ا	ت	س	ا	د	ک	ی	ث	ذ	ض	چ	و	ش	ت
ل	گ	خ	ئ	ع	م	ص	ا	ت	ص	ق	ق	ی	ي	م	ح
ب	ی	و	گ	ر	ا	ف	ی	م	آ	ض	س	د	ن	ق	ل
ص	ک	ر	ي	ا	ف	ح	ت	ر	ش	ن	ح	ژ	آ	ا	ی
ر	ص	ت	ز	ل	ف	ئ	خ	ش	د	چ	ر	ا	و	ی	ل
ژ	ص	ز	ث	ت	ل	آ	ج	ه	د	پ	ش	ر	آ	س	ک
ژ	ج	ا	ز	ه	ج	ی	ت	ن	ث	ف	ح	ت	ا	ه	د
ب	ئ	ژ	ظ	ش	ئ	ت	غ	ا	ح	ب	ع	ی	ن	و	ق
س	ث	ف	ذ	ر	ح	ث	ن	ر	ا	ی	ق	ي	ر	ف	ز
ب	ب	ز	ن	ا	م	ر	د	ع	س	و	ت	ف	ض	چ	ک
ک	آ	ر	گ	ژ	ک	ع	ئ	ا	ت	م	ژ	ک	د	ش	چ
ش	ک	خ	ي	ر	ي	ش	و	ش	ع	ج	ف	ن	ي	ا	ق
ص	د	ر	ع	ض	گ	ج	ش	ز	ا	ع	و	گ	ت	ف	گ
ج	م	ژ	غ	ژ	ف	ب	ع	ل	ر	پ	ف	ک	و	چ	ش
ب	ش	و	ن	د	ی	ظ	ص	ک	ه	ز	ت	ب	ث	ص	ض

استعاره
راوی
رمان
شعر
شاعرانه
قافیه
ریتم
سبک
تم
تراژدی

قیاس
تحلیل
حکایت
نویسنده
بیوگرافی
مقایسه
نتیجه
شرح
گفتگو
داستان

97 - Geography

ن	ا	ه	ج	ی	ح	ل	ک	ک	ح	ژ	ب	ي	ذ	ع	ک
ص	ش	ظ	آ	ع	ع	ئ	ي	گ	ک	ط	ل	ا	ی	ر	د
ف	ث	و	آ	ک	ش	و	ر	س	ض	ص	ز	ب	گ	ض	ز
ا	ت	و	ح	و	خ	ل	ه	ر	ل	چ	ن	چ	ب	ج	ج
ل	س	ق	د	ح	ج	م	ش	غ	غ	ی	خ	خ	ع	غ	ز
ن	ح	غ	ب	ض	ي	غ	ي	ب	س	خ	ق	پ	ي	ر	ی
ه	ر	ک	م	ی	ن	م	ا	ر	ت	ف	ا	ع	ب	ا	ر
ا	و	ر	غ	ط	ش	ن	ک	ا	ق	گ	ق	ک	ب	ف	ه
ر	م	ک	ر	پ	ژ	ط	ع	ط	ق	ل	گ	ي	ح	ی	ر
ر	ب	چ	ب	آ	ح	ق	ت	ج	ز	ی	م	ت	ر	ا	ا
س	د	ت	و	ذ	ف	ه	ش	ق	ن	ت	ا	ر	ض	ی	ق
ت	ض	ح	ن	ژ	ژ	ص	م	ا	ط	ل	س	ن	و	ی	ض
گ	گ	م	ج	ژ	چ	ح	ج	ه	ن	ا	خ	د	و	ر	ز
و	گ	ث	ر	م	خ	م	ی	ل	ع	م	ژ	ی	ط	س	س
و	پ	ط	م	ش	ق	ت	ئ	د	ا	ش	ذ	چ	ب	ض	د
و	ن	و	خ	ژ	و	س	ف	ظ	ش	ق	ج	ج	ظ	چ	ق

ارتفاع
اطلس
شهر
قاره
کشور
نیمکره
جزیره
عرض جغرافیایی
نقشه
نصف النهار

کوه
شمال
اقیانوس
منطقه
رودخانه
دریا
جنوب
قلمرو
غرب
جهان

98 - Jazz

ظ	ث	ج	ص	ح	ز	ع	ص	و	ن	ج	ب	آ	گ	ي	گ
غ	ل	د	ا	د	ع	ت	س	ا	و	ق	ژ	ه	ز	ذ	ح
م	و	ا	ر	د	د	ل	خ	و	ا	ه	ک	ن	س	ر	ت
ت	ط	ح	ث	آ	م	ا	ئ	د	ز	ش	ی	گ	ت	ز	ک
ظ	خ	خ	ل	ل	س	گ	غ	ظ	ن	ک	ن	س	ق	ت	ا
ت	ر	ک	ی	ب	ت	ا	ک	ی	د	ا	ک	ا	ع	ژ	ظ
ع	خ	ق	ل	و	ح	ن	ت	ا	گ	ر	ت	ز	ت	ی	ج
ط	د	ر	ا	م	ع	ک	ب	ح	ا	د	ن	م	ر	ن	ه
ل	ش	ی	م	ی	د	ق	ث	ض	ن	و	ر	ض	غ	م	ع
ر	ح	ث	خ	ش	ض	ش	ث	ظ	ز	ظ	م	خ	ز	ئ	ث
آ	م	ر	و	ح	ي	ج	چ	ض	غ	ز	و	ج	ل	ط	س
ش	ب	ي	غ	چ	ط	ش	ژ	گ	ا	ق	س	د	ک	گ	ع
ل	پ	ع	ب	آ	ظ	ف	ق	ط	پ	س	ی	ی	ی	م	م
ژ	م	د	غ	غ	ن	ش	ی	ک	م	چ	ق	د	ت	غ	م
ت	ر	ا	ن	ه	ه	ا	د	ب	م	ف	ی	ی	ط	ق	ب
ح	ش	س	د	ض	د	گ	ر	س	ش	ي	ر	و	ه	ش	م

موسیقی
نوازندگان
جدید
قدیمی
ارکستر
ریتم
ترانه
سبک
استعداد
تکنیک

آلبوم
هنرمند
آهنگساز
ترکیب
کنسرت
درام
تاکید
مشهور
موارد دلخواه
بداهه

99 - Nature

ک	ف	غ	ئ	غ	ي	ذ	ص	ث	ت	چ	ی	ئ	ن	ئ	ث
و	م	ر	ص	م	و	ف	خ	ظ	ق	ف	و	خ	د	ي	م
ی	ر	ی	س	م	ر	گ	ر	ب	و	خ	ا	ش	چ	خ	ژ
ر	ر	ع	خ	ا	ز	ک	ه	د	م	ص	ی	ژ	گ	ا	ا
پ	ا	ر	ج	ج	ی	ی	م	ز	ن	ب	و	ر	ه	ا	ل
ذ	پ	ض	پ	ن	ی	ش	ب	خ	ب	ف	ق	ن	ظ	ی	م
س	غ	ی	ی	گ	ص	ل	ح	ا	ژ	س	ط	ن	آ	و	ج
ل	ک	خ	ئ	ل	ذ	و	ا	ب	ی	چ	ب	ز	ح	پ	آ
ا	ص	ژ	ت	ل	ي	غ	م	چ	ع	ی	ش	د	ص	ک	ئ
ض	ر	و	د	خ	ا	ن	ه	ف	ح	ش	م	ح	ر	آ	ي
س	ط	غ	ق	ت	ا	ن	ا	و	ی	ح	ا	و	ث	ا	ش
غ	ج	ث	ل	ط	ف	ز	گ	ن	ا	و	ل	ت	م	ب	ث
ض	ص	ط	ز	آ	آ	ا	ه	ط	ت	گ	ذ	ظ	ط	ر	ا
خ	غ	ح	ظ	ص	ر	گ	ا	ض	ی	ق	ش	ل	ر	ه	ث
ش	چ	ژ	ذ	ر	ا	خ	ن	ش	ذ	ظ	ظ	ز	س	ا	م
ظ	ف	ق	خ	ن	م	گ	پ	ح	ظ	غ	گ	غ	ث	م	ی

حیوانات
قطب شمال
زیبایی
زنبورها
صخره
ابرها
کویر
پویا
فرسایش
مه
شاخ و برگ
جنگل
یخچال
صلح
رودخانه
پناهگاه
آرام
گرمسیری
حیاتی
وحشی

100 - Vacation #2

ا	ص	ف	ي	ر	ط	ل	ت	ل	ي	ذ	ي	ص	غ	ص	ت
ت	ق	س	چ	ز	غ	ح	ئ	ع	د	ئ	ب	خ	ی	ظ	ش
ف	ص	ب	ث	س	ا	آ	ک	ی	ط	خ	ث	ی	غ	خ	ذ
گ	ل	ف	ئ	ی	ط	ی	ک	ه	ر	ی	ز	ج	ظ	ث	ظ
ح	م	ل	و	ن	ق	ل	ه	گ	غ	س	ل	ر	ش	ر	ا
س	ف	ر	ئ	ا	ا	ي	گ	ت	ن	ک	ر	ا	ذ	ز	و
س	چ	غ	د	ر	ی	ا	ف	ذ	ل	ا	ا	خ	ت	ر	ا
ا	ق	پ	ص	و	ک	م	ر	غ	ر	ت	ف	ا	ک	و	ل
ح	ط	ب	ق	ت	ض	ف	و	ع	ق	ن	ن	ق	ش	ه	ظ
ل	و	ز	م	س	ک	ع	د	غ	ی	ل	ا	ق	ط	ا	ر
و	ی	ز	ا	ر	پ	ش	گ	گ	ن	ی	پ	م	ک	ف	ن
ف	ر	ا	غ	ت	س	ف	ا	ط	ک	ق	ظ	ع	ه	گ	ئ
ف	و	د	ح	م	ر	ب	ه	س	ص	م	ي	م	چ	ض	ث
ص	ر	ف	غ	گ	ی	ژ	ش	غ	آ	ط	ک	ر	و	ف	ع
ي	ط	و	ظ	ث	ا	ص	ظ	ک	ذ	ح	ئ	ص	ا	ا	د
ت	ط	ظ	ل	ح	ز	ف	ط	ا	چ	ا	د	ر	ي	چ	ا

فرودگاه
ساحل
کمپینگ
مقصد
خارجی
تعطیلات
هتل
جزیره
سفر
فراغت
نقشه
گذرنامه
رزرو
رستوران
دریا
تاکسی
چادر
قطار
حمل و نقل
ویزا

1 - Antiques

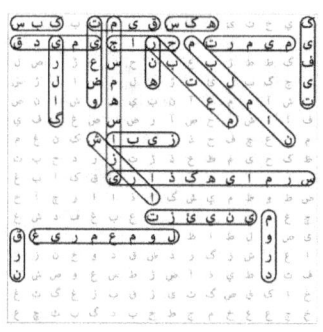

2 - Food #1

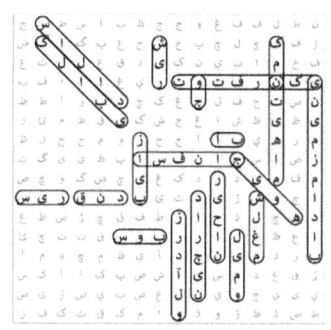

3 - Measurements

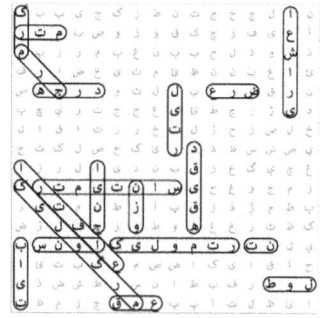

4 - Farm #2

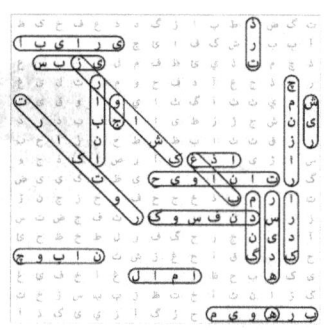

5 - Books

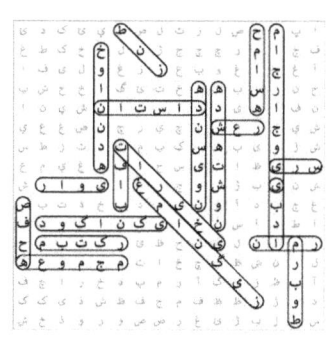

6 - Meditation

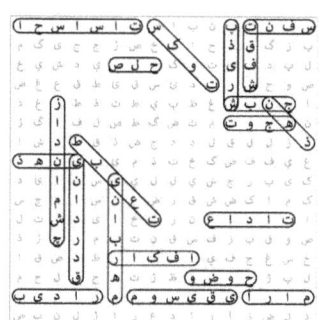

7 - Days and Months

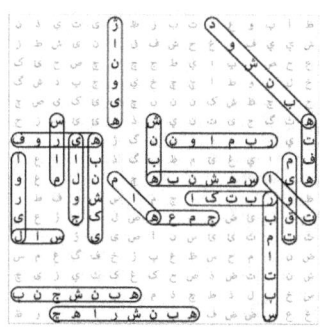

8 - Energy

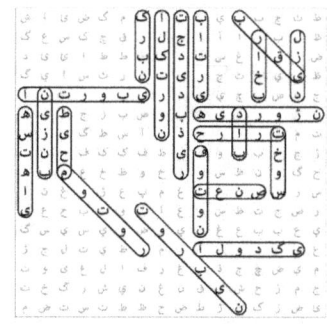

9 - Archeology

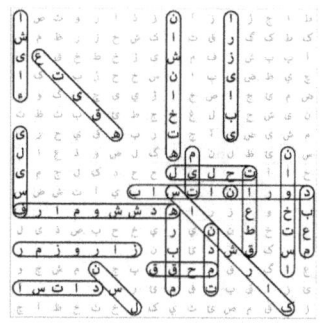

10 - Food #2

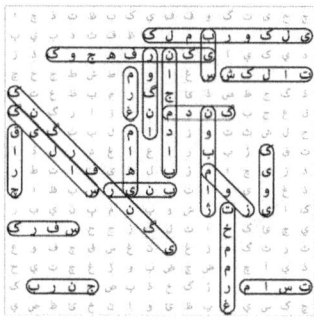

11 - Chemistry

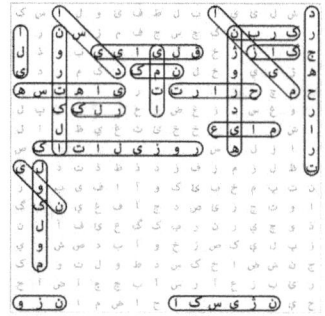

12 - Music

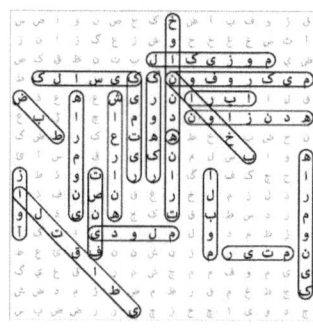

13 - Farm #1

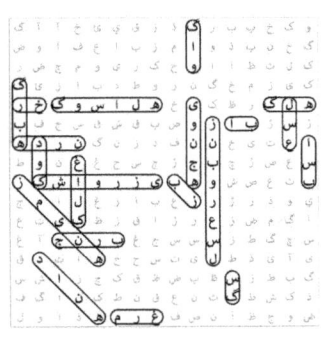

14 - Camping

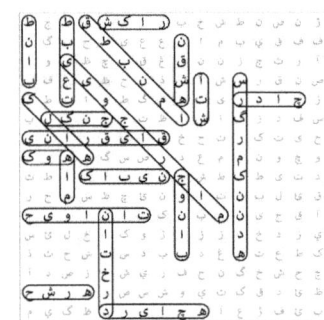

15 - Conservation

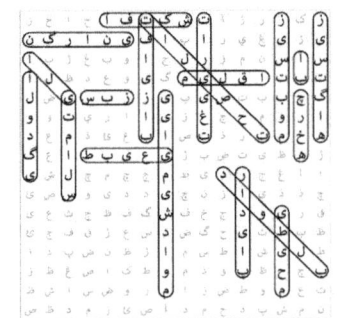

16 - Algebra

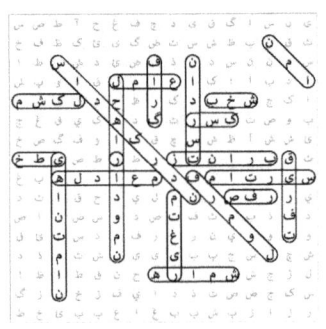

17 - Numbers

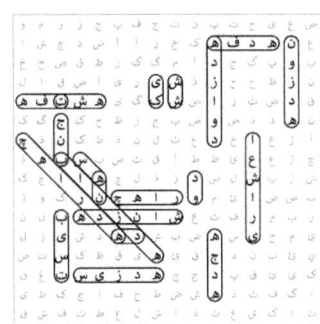

18 - Spices

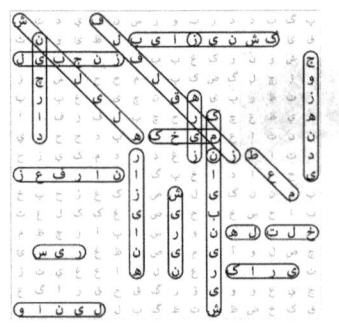

19 - Universe

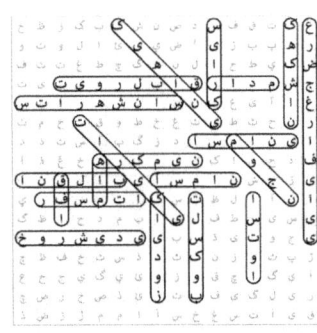

20 - Mammals

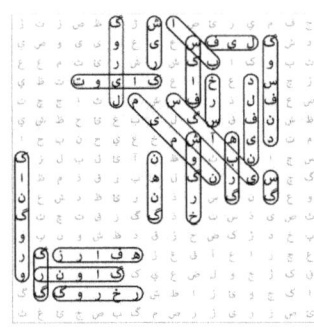

21 - Bees

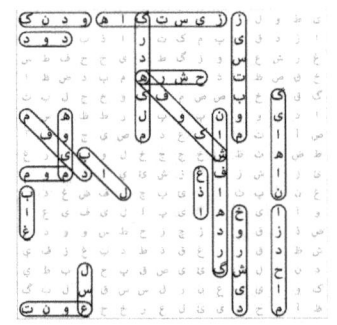

22 - Weather

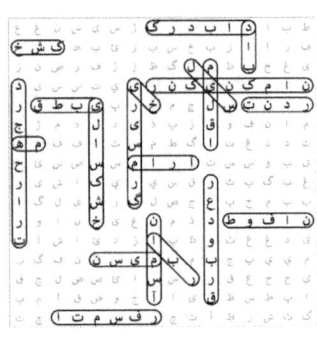

23 - Adventure

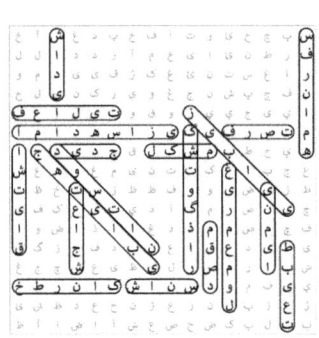

24 - Sport

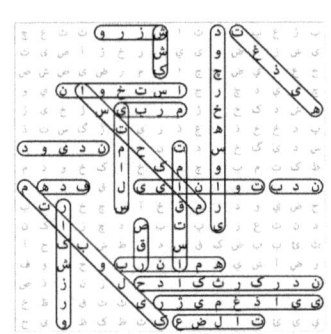

25 - Restaurant #2

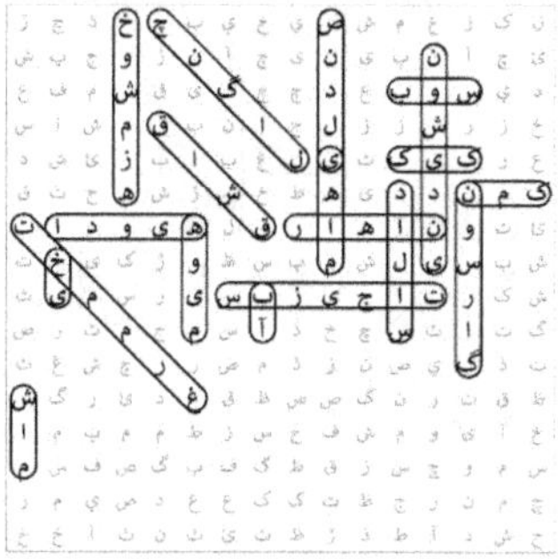

26 - Geology

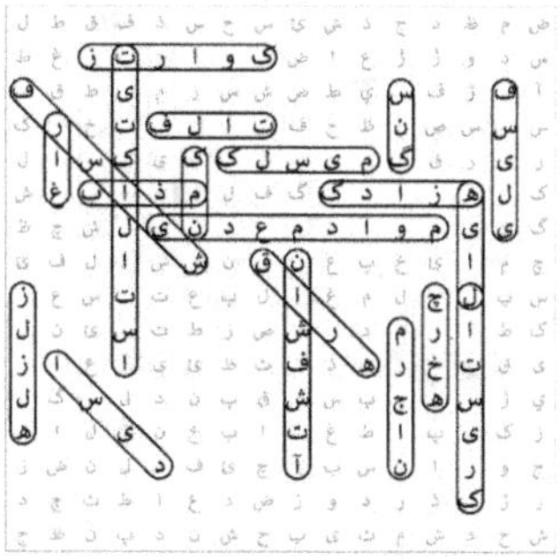

27 - House

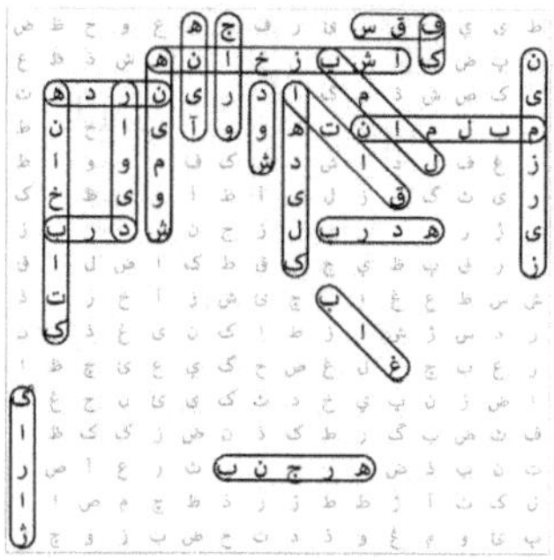

28 - Physics

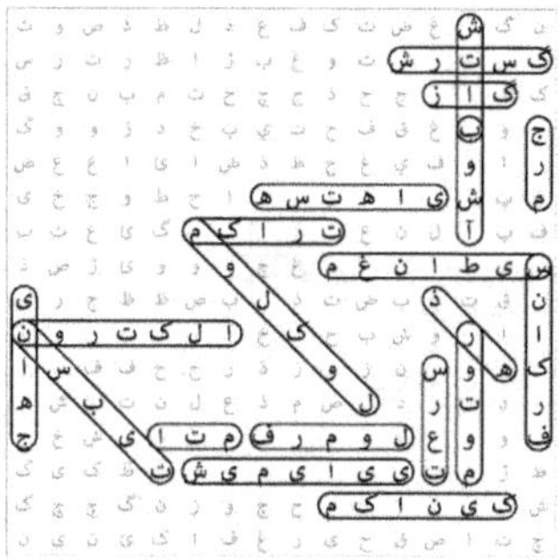

29 - Dance

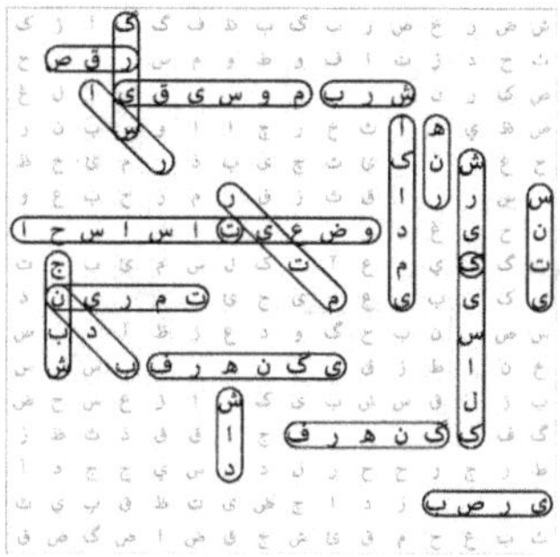

30 - Coffee

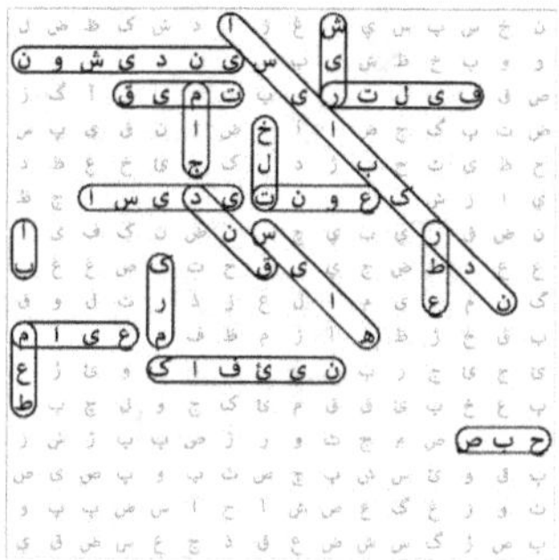

31 - Colors

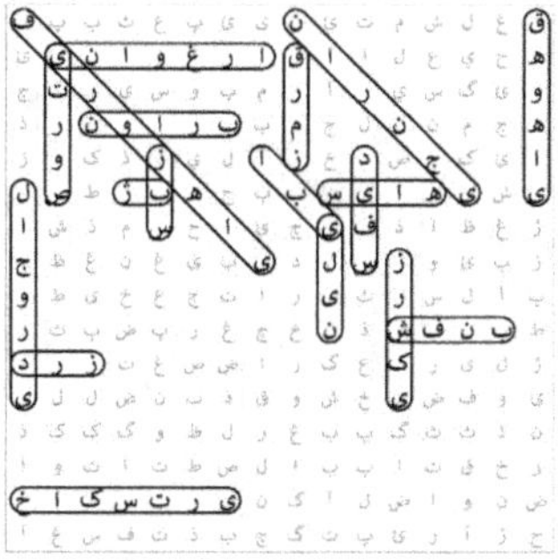

32 - Shapes

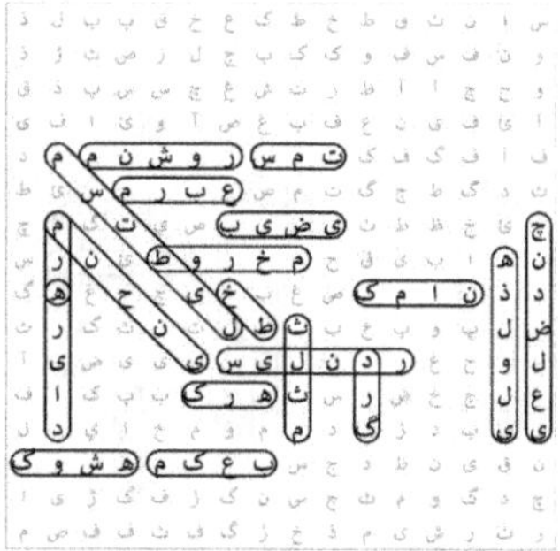

33 - Scientific Disciplines

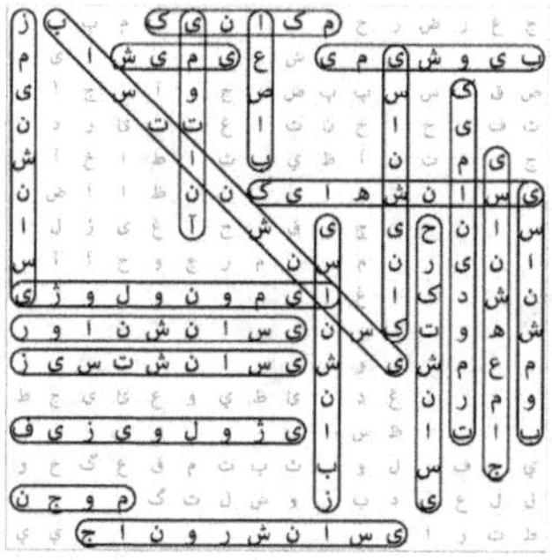

34 - Science

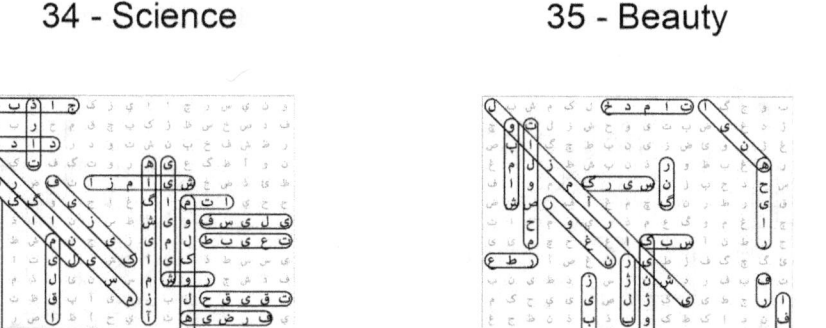

35 - Beauty

36 - To Fill

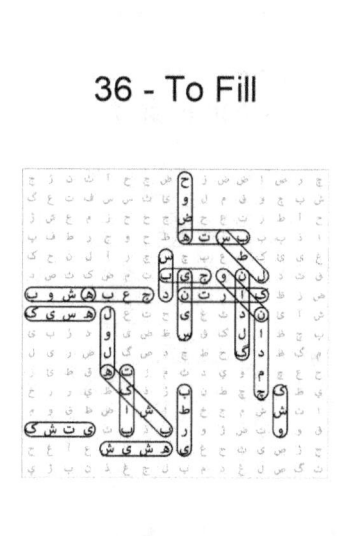

37 - Clothes

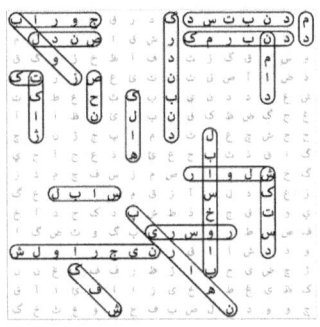

38 - Ethics

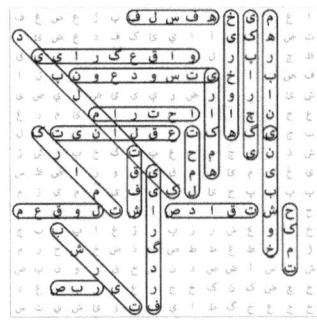

39 - Astronomy

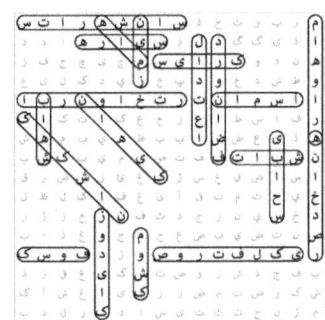

40 - Health and Wellness #2

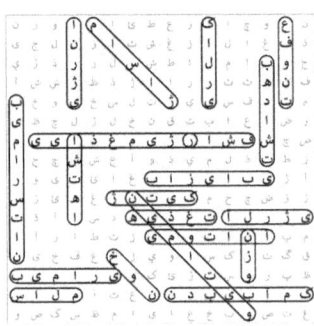

41 - Disease

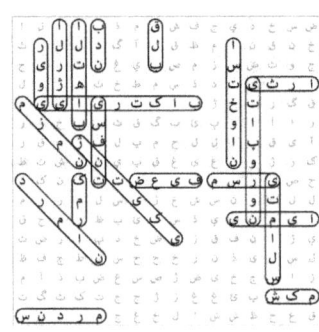

42 - Time

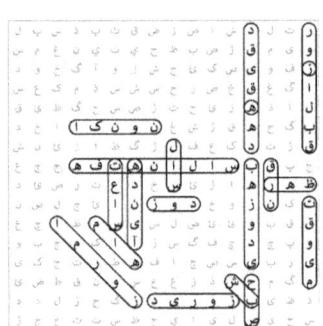

43 - Buildings

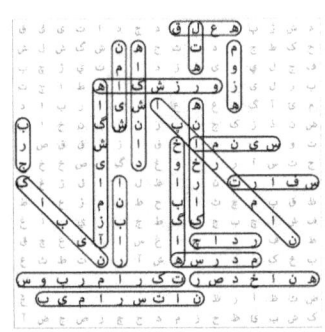

44 - Herbalism

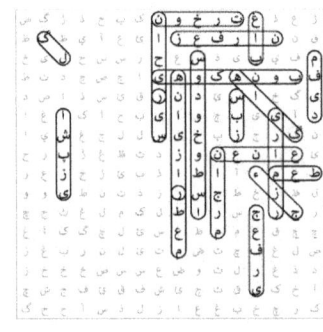

45 - Vehicles

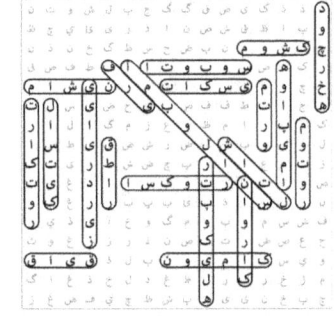

46 - Health and Wellness #1

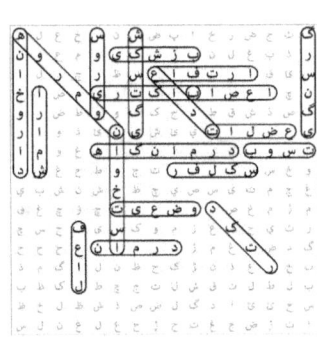

47 - Town

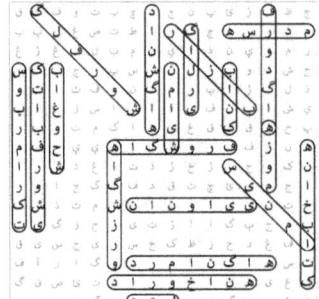

48 - Antarctica

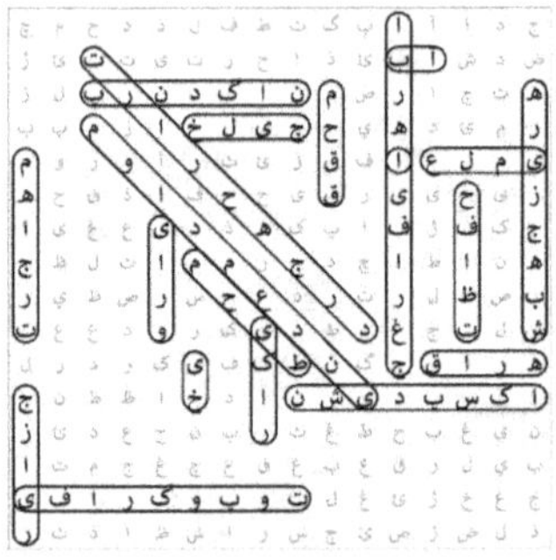

49 - Ballet

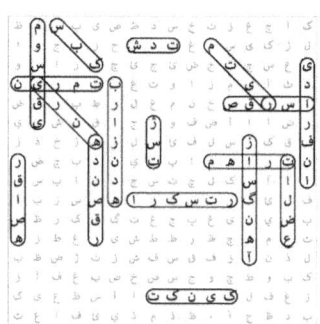

50 - Fashion

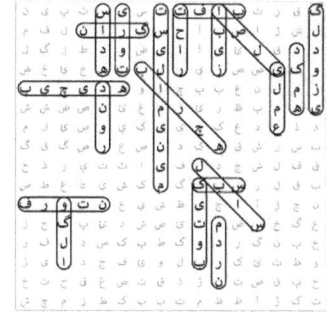

51 - Human Body

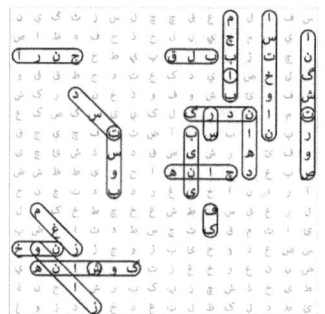

52 - Fruit

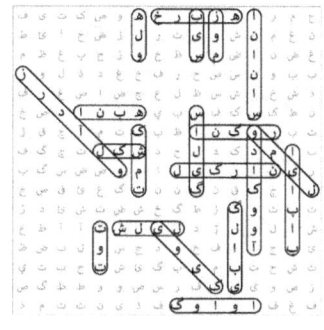

53 - Engineering

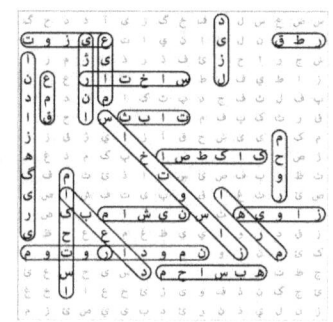

54 - Government

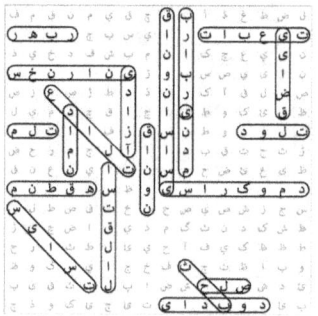

55 - Science Fiction

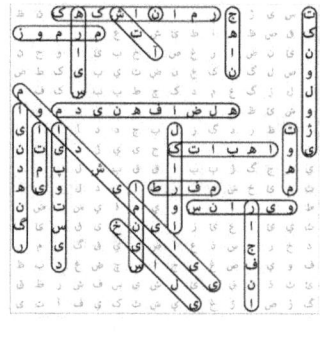

56 - Geometry

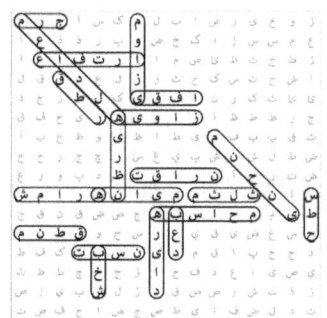

57 - Creativity

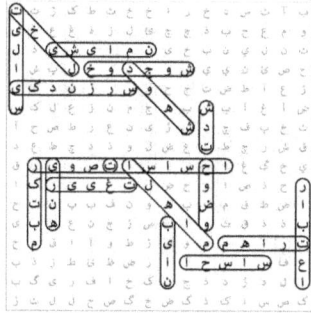

58 - Airplanes

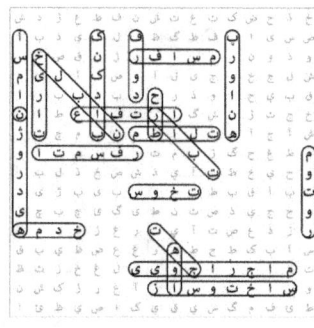

59 - Ocean

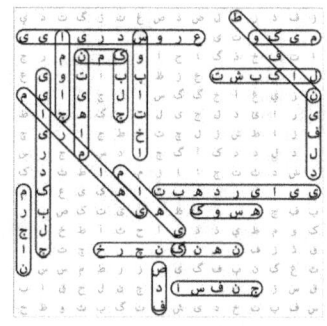

60 - Force and Gravity

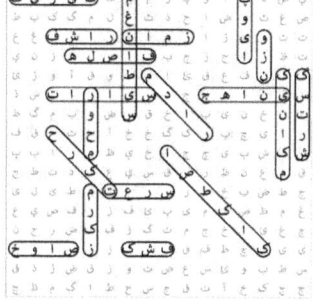

61 - Birds

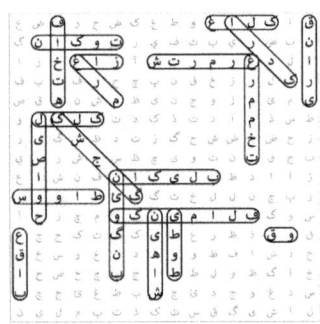

62 - Art

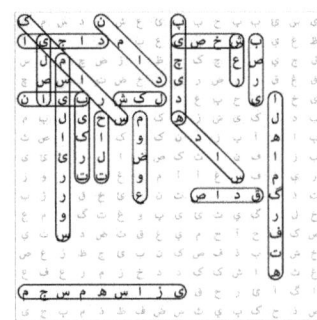

63 - Nutrition

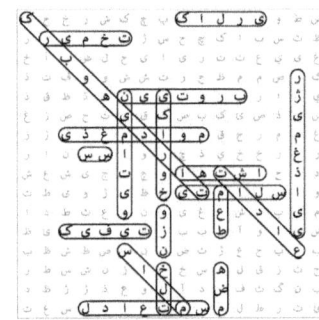

64 - Professions #1

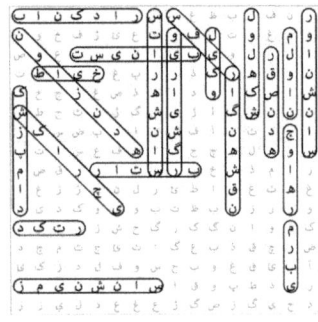

65 - Barbecues

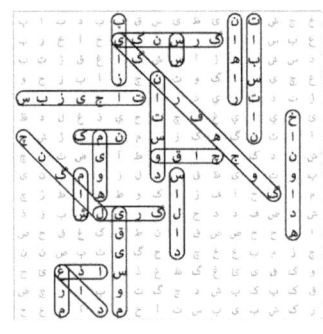

66 - Chocolate

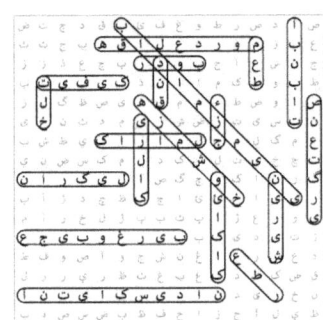

67 - Vegetables

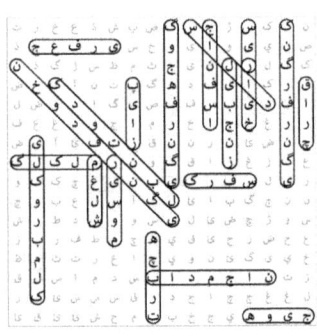

68 - The Media

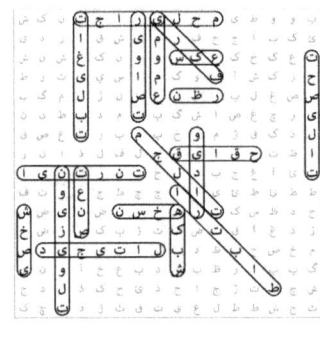

69 - Boats

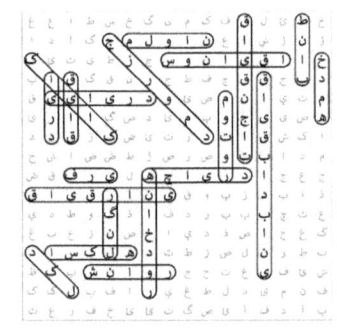

70 - Activities and Leisure

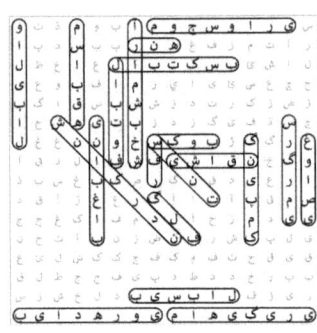

71 - Driving

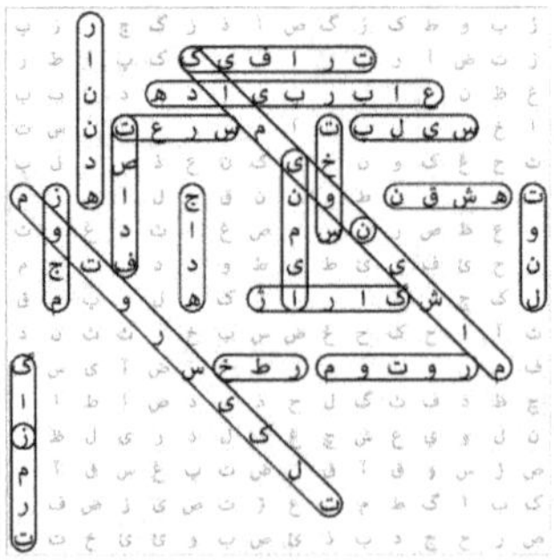

72 - Biology

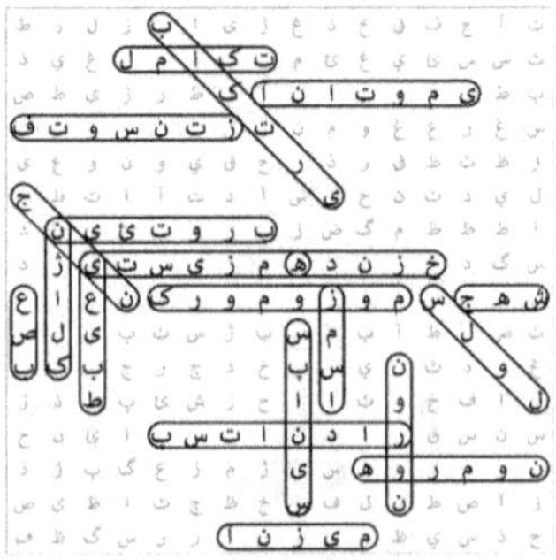

73 - Professions #2

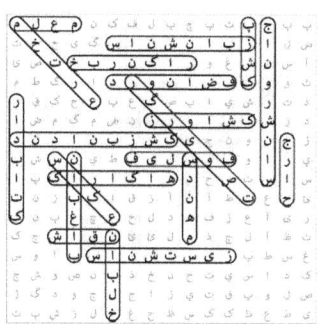

74 - Mythology

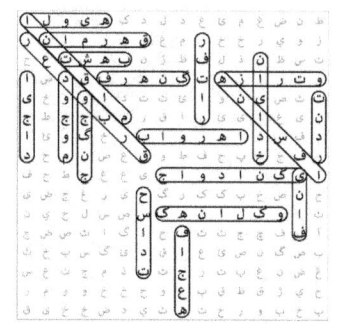

75 - Agronomy

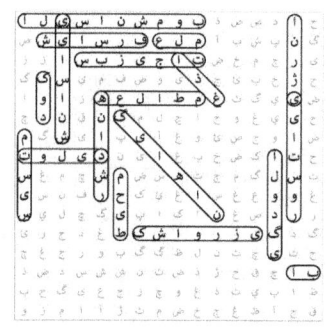

76 - Hair Types

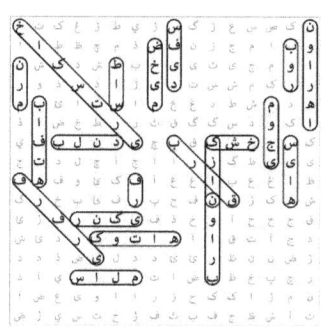

77 - Garden

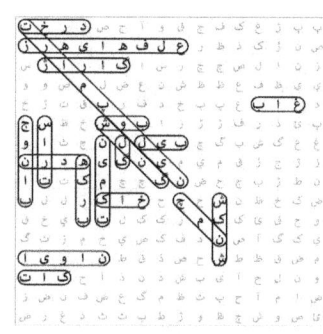

78 - Diplomacy

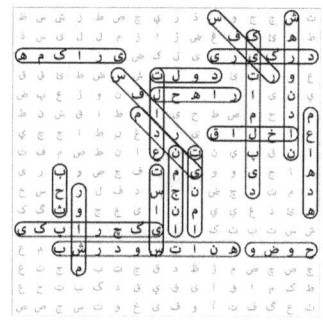

79 - Beach

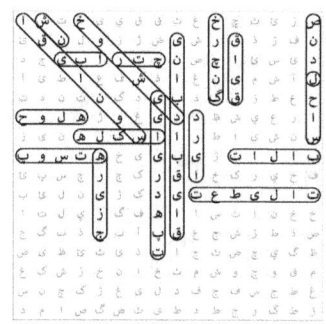

80 - Countries #1

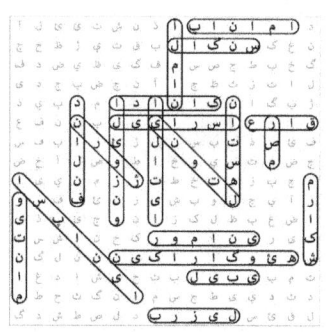

81 - Adjectives #1

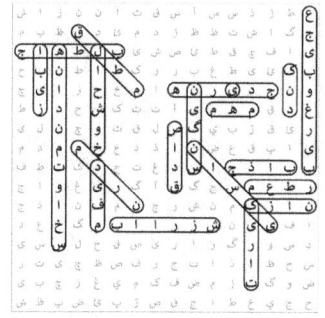

82 - Rainforest

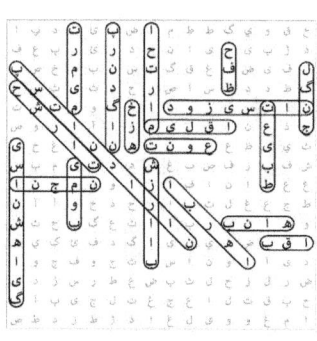

83 - Global Warming

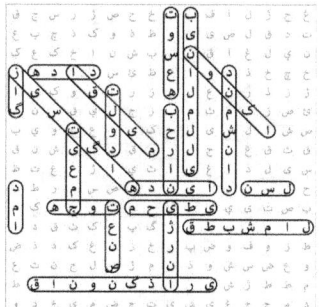

84 - Landscapes

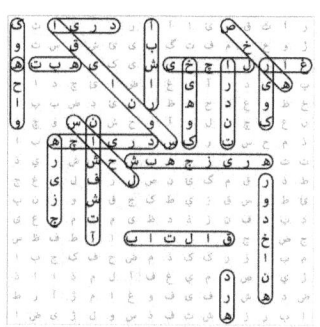

85 - Visual Arts

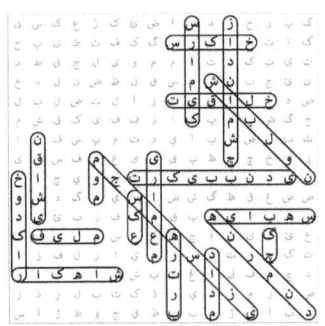

86 - Plants

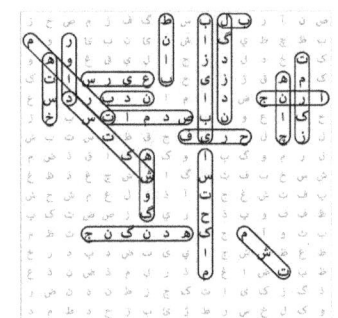

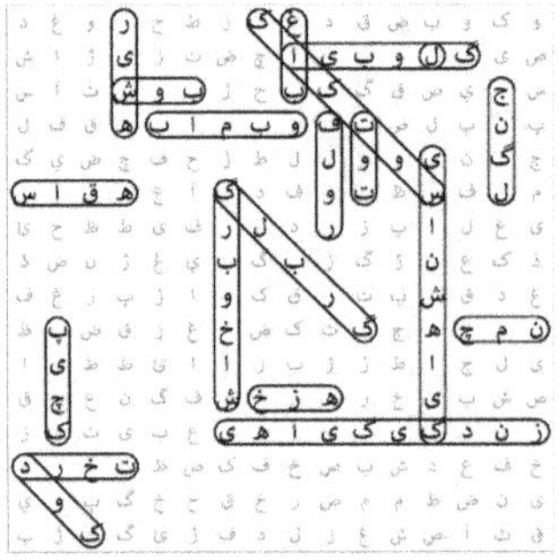

87 - Boxing

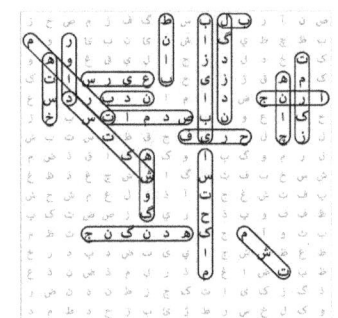

88 - Countries #2

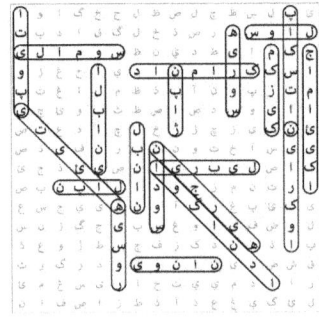

89 - Ecology

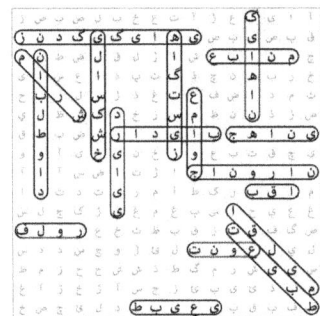

90 - Adjectives #2

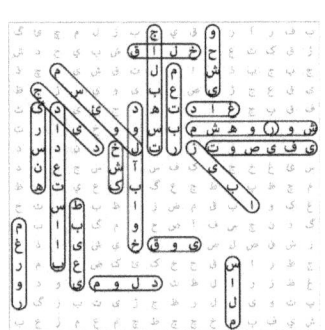

91 - Psychology

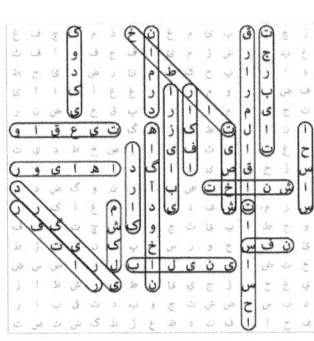

92 - Math

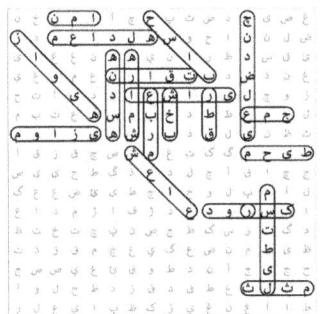

93 - Activities

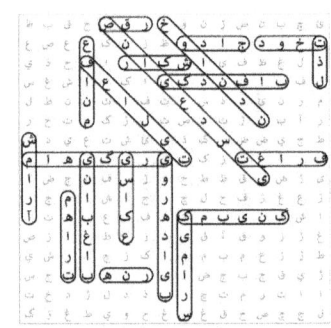

94 - Business

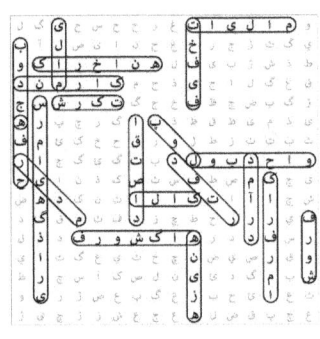

95 - The Company

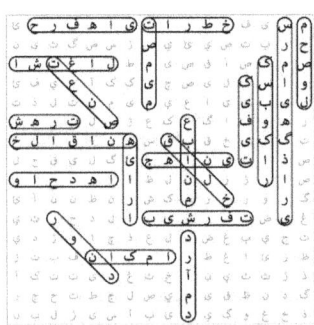

96 - Literature

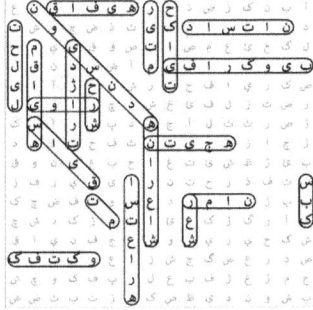

97 - Geography

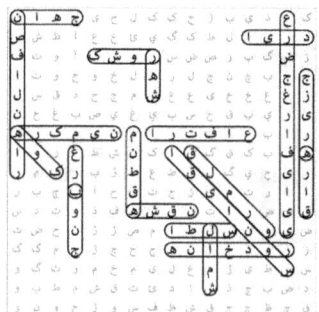

98 - Jazz

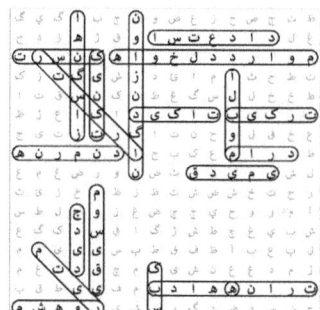

99 - Nature

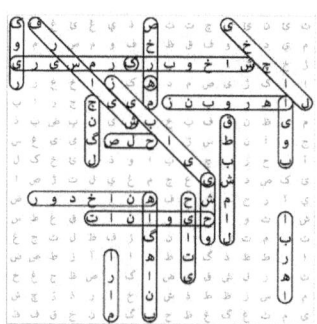

100 - Vacation #2

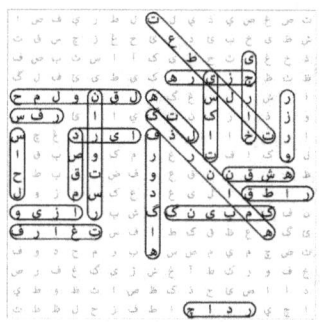

Dictionary

Activities
فعالیت ها

Activity	فعالیت
Art	هنر
Camping	کمپینگ
Ceramics	سرامیک
Crafts	صنایع دستی
Dancing	رقص
Fishing	ماهیگیری
Gardening	باغبانی
Hiking	پیاده روی
Hunting	شکار
Interests	منافع
Knitting	بافندگی
Leisure	فراغت
Magic	جادو
Photography	عکاسی
Pleasure	لذت
Reading	خواندن
Relaxation	آرامش
Sewing	دوخت
Skill	مهارت

Activities and Leisure
فعالیت ها و اوقات فراغت

Art	هنر
Baseball	بیسبال
Basketball	بسکتبال
Boxing	بوکس
Camping	کمپینگ
Diving	غواصی
Fishing	ماهیگیری
Gardening	باغبانی
Golf	گلف
Hiking	پیاده روی
Hobbies	سرگرمی
Painting	نقاشی
Racing	مسابقه
Relaxing	آرامش بخش
Soccer	فوتبال
Surfing	موج سواری
Swimming	شنا کردن
Tennis	تنیس
Travel	سفر
Volleyball	والیبال

Adjectives #1
صفت #1

Absolute	مطلق
Ambitious	جاه طلب
Aromatic	معطر
Artistic	هنری
Attractive	جذاب
Beautiful	زیبا
Dark	تاریک
Exotic	عجیب و غریب
Generous	سخاوتمندانه
Happy	خوشحال
Heavy	سنگین
Helpful	مفید
Honest	صادق
Identical	یکسان
Important	مهم
Modern	مدرن
Serious	جدی
Slow	کند
Thin	نازک
Valuable	با ارزش

Adjectives #2
صفت #2

Authentic	معتبر
Creative	خلاق
Descriptive	توصیفی
Dry	خشک
Elegant	زیبا
Famous	مشهور
Gifted	با استعداد
Healthy	سالم
Hot	داغ
Hungry	گرسنه
Interesting	جالب است
Natural	طبیعی
New	جدید
Productive	مولد
Proud	مغرور
Responsible	مسئول
Salty	شور
Sleepy	خواب آلود
Strong	قوی
Wild	وحشی

Adventure
ماجراجویی

Activity	فعالیت
Beauty	زیبایی
Bravery	شجاعت
Chance	شانس
Dangerous	خطرناک
Destination	مقصد
Difficulty	مشکل
Enthusiasm	اشتیاق
Excursion	گشت و گذار
Friends	دوستان
Itinerary	سفرنامه
Joy	شادی
Nature	طبیعت
Navigation	جهت یابی
New	جدید
Opportunity	فرصت
Preparation	آماده سازی
Safety	ایمنی
Unusual	غیر معمول

Agronomy
زراعت

Agriculture	کشاورزی
Ecology	بوم شناسی
Energy	انرژی
Environment	محیط
Erosion	فرسایش
Fertilizer	کود
Food	غذا
Growth	رشد
Identification	شناسایی
Organic	آلی
Plants	گیاهان
Pollution	آلودگی
Production	تولید
Rural	روستایی
Science	علم
Seeds	دانه
Study	مطالعه
Systems	سیستم
Vegetables	سبزیجات
Water	آب

Airplanes
اہامیپیاوہ

Adventure	ییوجارجام
Air	اوہ
Atmosphere	رفسمتا
Balloon	کنکداب
Construction	زاس و تخاس
Crew	ہمدخ
Descent	رابت
Design	حرط
Direction	تہج
Engine	روتوم
Fuel	تخوس
Height	عافترا
History	خیرات
Hydrogen	نژوردیہ
Landing	دورف
Passenger	رفاسم
Pilot	نابلخ
Propellers	ہناورپ
Sky	نامسآ
Turbulence	مطالت

Algebra
ربج

Diagram	رادومن
Division	شخب
Equation	ہلداعم
Exponent	نمن
Factor	لماع
False	تسردان
Formula	لومرف
Fraction	رسک
Graph	فارگ
Infinite	یہانتمان
Linear	یطخ
Matrix	سیرتام
Number	ہرامش
Parenthesis	زتنارپ
Problem	لکشم
Simplify	ندرک ہداس
Solution	لح ہار
Subtraction	قیرفت
Variable	ریغتم
Zero	رفص

Antarctica
بونج بطق

Bay	جیلخ
Birds	ناگدنرپ
Clouds	اہربا
Conservation	تظافح
Continent	ہراق
Cove	وراى
Environment	طیحم
Expedition	نشیدپسکا
Geography	ایفارغج
Ice	خی
Islands	ریازج
Migration	ترجاہم
Minerals	یندعم داوم
Peninsula	ہریزج ہبش
Researcher	ققحم
Rocky	یکار
Scientific	یملع
Temperature	ترارح ہجرد
Topography	یفارگوپوت
Water	بآ

Antiques
تاج ہقیتع

Art	رنہ
Auction	جارح
Authentic	ربتعم
Century	نرق
Coins	ہکس
Condition	تیعضو
Decorative	ينيئزت
Elegant	ابیز
Furniture	ناملبم
Gallery	یرلاگ
Investment	یراذگ ہیامرس
Item	دروم
Old	یمیدق
Price	تمیق
Quality	تیفیک
Restoration	میمرت
Sculpture	یزاس ہمسجم
Style	کبس
Unusual	لومعم ریغ
Value	شزرا

Archeology
یسانش ناتساب

Analysis	لیلحت
Antiquity	ناتساب
Bones	ناوختسا
Civilization	ندمت
Descendant	لسن
Era	نارود
Evaluation	یبایزرا
Expert	سانشراک
Forgotten	ہدش شومارف
Fossil	لیسف
Fragments	تاعطق
Mystery	زار و زمر
Objects	ءایشا
Professor	داتسا
Relic	ہقیتع
Researcher	ققحم
Team	میت
Temple	دبعم
Tomb	ہربقم
Unknown	ہتخانشان

Art
رنہ

Ceramic	کیمارس
Complex	ہدیچیپ
Composition	بیکرت
Create	داجیا
Expression	نایب
Figure	لکش
Honest	قداص
Inspired	ہتفرگ ماہلا
Mood	تلاح
Original	یلصا
Personal	یصخش
Poetry	رعش
Sculpture	یزاس ہمسجم
Simple	ہداس
Subject	عوضوم
Surrealism	مسیلائرروس
Symbol	دامن
Visual	یرصب

Astronomy — اخترشناسی

Asteroid	سیارک
Astronaut	فضانورد
Astronomer	ستاره شناس
Constellation	صورت فلکی
Cosmos	کیهان
Earth	زمین
Eclipse	کسوف
Equinox	اعتدال
Galaxy	کهکشان
Meteor	شهاب
Moon	ماه
Nebula	سحابی
Observatory	رصدخانه
Planet	سیاره
Radiation	تابش
Rocket	موشک
Satellite	ماهواره
Sky	آسمان
Supernova	ابرنواختر
Zodiac	زودیاک

Ballet — باله

Artistic	هنری
Ballerina	رقاصه
Choreography	رقص
Composer	آهنگساز
Dancers	رقصنده
Expressive	رسا
Gesture	ژست
Graceful	برازنده
Intensity	شدت
Muscles	عضلات
Music	موسیقی
Orchestra	ارکستر
Practice	تمرین
Rhythm	ریتم
Skill	مهارت
Solo	انفرادی
Style	سبک
Technique	تکنیک

Barbecues — کباب کردن

Chicken	مرغ
Dinner	شام
Family	خانواده
Food	غذا
Forks	چنگال
Friends	دوستان
Fruit	میوه
Grill	گریل
Hot	داغ
Hunger	گرسنگی
Knives	چاقو
Lunch	ناهار
Music	موسیقی
Onions	پیاز
Salads	سالاد
Salt	نمک
Sauce	سس
Summer	تابستان
Tomatoes	گوجه فرنگی
Vegetables	سبزیجات

Beach — ساحل

Blue	آبی
Boat	قایق
Coast	ساحل
Crab	خرچنگ
Dock	اسکله
Island	جزیره
Lagoon	تالاب
Ocean	اقیانوس
Reef	تپه دریایی
Sailboat	قایق بادبانی
Sand	شن
Sandals	صندل
Sea	دریا
Shells	پوسته
Sun	خورشید
Towel	حوله
Umbrella	چتر
Vacation	تعطیلات

Beauty — زیبایی

Charm	افسون
Color	رنگ
Cosmetics	لوازم آرایشی
Curls	فر
Elegance	ظرافت
Elegant	زیبا
Fragrance	عطر
Grace	گریس
Lipstick	رژ لب
Makeup	آرایش
Mirror	آینه
Oils	روغن
Photogenic	فتوژنیک
Products	محصولات
Scent	رایحه
Scissors	قیچی
Services	خدمات
Shampoo	شامپو
Skin	پوست
Stylist	سبک

Bees — زنبورها

Beneficial	مفید
Blossom	شکوفه
Diversity	تنوع
Ecosystem	زیست بوم
Food	غذا
Fruit	میوه
Garden	باغ
Habitat	زیستگاه
Hive	کندو
Honey	عسل
Insect	حشره
Plants	گیاهان
Pollen	گرده
Pollinator	گرده افشان
Queen	ملکه
Smoke	دود
Sun	خورشید
Swarm	ازدحام
Wax	موم
Wings	بال

Biology
زیست شناسی

Anatomy	آناتومی
Bacteria	باکتری
Cell	سلول
Chromosome	کروموزوم
Collagen	کلاژن
Embryo	جنین
Enzyme	آنزیم
Evolution	تکامل
Hormone	هورمون
Mammal	پستاندار
Mutation	جهش
Natural	طبیعی
Nerve	عصب
Neuron	نورون
Osmosis	اسمز
Photosynthesis	فتوسنتز
Protein	پروتئین
Reptile	خزنده
Symbiosis	همزیستی
Synapse	سیناپس

Birds
پرندگان

Canary	قناری
Chicken	مرغ
Crow	کلاغ
Cuckoo	فاخته
Duck	اردک
Eagle	عقاب
Egg	تخم مرغ
Flamingo	فلامینگو
Goose	غاز
Hawk	شاهین
Heron	حواصیل
Ostrich	شترمرغ
Parrot	طوطی
Peacock	طاووس
Pelican	پلیکان
Penguin	پنگوئن
Sparrow	گنجشک
Stork	لک لک
Swan	قو
Toucan	توکان

Boats
قایق

Anchor	لنگر
Buoy	شناور
Canoe	قایق رانی
Crew	خدمه
Dock	اسکله
Engine	موتور
Ferry	فری
Kayak	کایاک
Lake	دریاچه
Lifeboat	قایق نجات
Mast	دکل
Nautical	دریایی
Ocean	اقیانوس
Raft	قایق
River	رودخانه
Rope	طناب
Sailor	ملوان
Sea	دریا
Tide	جزر و مد
Yacht	قایق بادبانی

Books
کتابها

Adventure	ماجراجویی
Author	نویسنده
Collection	مجموعه
Context	بافت
Duality	دوگانگی
Epic	حماسه
Historical	تاریخی
Humorous	طنز
Inventive	مبتکر
Literary	ادبی
Narrator	راوی
Novel	رمان
Page	صفحه
Poetry	شعر
Reader	خواننده
Relevant	مرتبط
Series	سری
Story	داستان
Tragic	غم انگیز
Written	نوشته شده

Boxing
مشت زنی

Bell	بل
Body	بدن
Chin	چانه
Corner	گوشه
Elbow	آرنج
Exhausted	خسته
Fighter	جنگنده
Fist	مشت
Focus	تمرکز
Gloves	دستکش
Injuries	صدمات
Kick	لگد زدن
Opponent	حریف
Quick	سریع
Recovery	بازیابی
Referee	داور
Ropes	طناب
Skill	مهارت
Strength	استحکام

Buildings
ساختمانها

Apartment	آپارتمان
Barn	انبار
Cabin	کابین
Castle	قلعه
Cinema	سینما
Embassy	سفارت
Factory	کارخانه
Hospital	بیمارستان
Hostel	خوابگاه
Hotel	هتل
Laboratory	آزمایشگاه
Museum	موزه
Observatory	رصدخانه
School	مدرسه
Stadium	ورزشگاه
Supermarket	سوپرمارکت
Tent	چادر
Theater	نمایش
Tower	برج
University	دانشگاه

Business
کسب و کار

Budget	بودجه
Career	حرفه
Company	شرکت
Cost	هزینه
Currency	واحد پول
Discount	تخفیف
Economics	اقتصاد
Employee	کارمند
Employer	کارفرما
Factory	کارخانه
Finance	مالی
Income	درآمد
Investment	سرمایه گذاری
Manager	مدیر
Merchandise	کالا
Money	پول
Office	دفتر
Sale	فروش
Shop	فروشگاه
Taxes	مالیات

Camping
چادر زدن

Adventure	ماجراجویی
Animals	حیوانات
Cabin	کابین
Canoe	قایق رانی
Compass	قطب نما
Fire	آتش
Forest	جنگل
Fun	سرگرم کننده
Hammock	بانجو
Hat	کلاه
Hunting	شکار
Insect	حشره
Lake	دریاچه
Map	نقشه
Moon	ماه
Mountain	کوه
Nature	طبیعت
Rope	طناب
Tent	چادر
Trees	درختان

Chemistry
شیمی

Acid	اسید
Alkaline	قلیایی
Atomic	اتمی
Carbon	کربن
Catalyst	کاتالیزور
Chlorine	کلر
Electron	الکترون
Enzyme	آنزیم
Gas	گاز
Heat	حرارت
Hydrogen	هیدروژن
Ion	یون
Liquid	مایع
Molecule	مولکول
Nuclear	هسته ای
Organic	آلی
Oxygen	اکسیژن
Salt	نمک
Temperature	درجه حرارت
Weight	وزن

Chocolate
شکلات

Antioxidant	آنتی اکسیدان
Aroma	عطر
Artisanal	صنعتگری
Bitter	تلخ
Cacao	کاکائو
Calories	کالری
Candy	آب نبات
Caramel	کارامل
Coconut	نارگیل
Delicious	خوشمزه
Exotic	عجیب و غریب
Favorite	مورد علاقه
Ingredient	جزء
Peanuts	بادام زمینی
Powder	پودر
Quality	کیفیت
Sugar	قند
Sweet	شیرین
Taste	طعم

Clothes
لباس

Apron	صحن
Belt	کمربند
Blouse	بلوز
Bracelet	دستبند
Coat	کت
Dress	لباس
Fashion	مد
Gloves	دستکش
Hat	کلاه
Jeans	شلوار جین
Necklace	گردنبند
Pajamas	لباس خواب
Pants	شلوار
Sandals	صندل
Scarf	روسری
Shirt	پیراهن
Shoe	کفش
Skirt	دامن
Socks	جوراب
Sweater	ژاکت

Coffee
قهوه

Acidic	اسیدی
Aroma	عطر
Beverage	نوشیدنی
Bitter	تلخ
Black	سیاه
Caffeine	کافئین
Cream	کرم
Cup	ماج
Filter	فیلتر
Flavor	طعم
Grind	آسیاب کردن
Liquid	مایع
Milk	شیر
Morning	صبح
Price	قیمت
Sugar	قند
Variety	تنوع
Water	آب

Colors
رنگ‌ها

Azure	لاجوردی
Beige	بژ
Black	سیاه
Blue	آبی
Brown	براون
Crimson	زرشکی
Cyan	فیروزه ای
Green	سبز
Grey	خاکستری
Indigo	نیلی
Magenta	ارغوانی
Orange	نارنجی
Pink	صورتی
Purple	بنفش
Red	قرمز
Sepia	قهوه ای
White	سفید
Yellow	زرد

Conservation
حفاظت

Changes	تغییرات
Chemicals	مواد شیمیایی
Climate	اقلیم
Concern	نگرانی
Cycle	چرخه
Ecosystem	زیست بوم
Education	تحصیلات
Environmental	محیطی
Green	سبز
Habitat	زیستگاه
Health	سلامتی
Natural	طبیعی
Organic	آلی
Pesticide	آفت کش
Pollution	آلودگی
Recycle	بازیافت
Sustainable	پایدار
Volunteer	داوطلب
Water	آب

Countries #1
کشورها #1

Brazil	برزیل
Canada	کانادا
Egypt	مصر
Finland	فنلاند
Germany	آلمان
Iraq	عراق
Israel	اسرائیل
Italy	ایتالیا
Latvia	لتونی
Libya	لیبی
Morocco	مراکش
Nicaragua	نیکاراگوئه
Norway	نروژ
Panama	پاناما
Poland	لهستان
Romania	رومانی
Senegal	سنگال
Spain	اسپانیا
Venezuela	ونزوئلا
Vietnam	ویتنام

Countries #2
کشورها #2

Albania	آلبانی
Denmark	دانمارک
Ethiopia	اتیوپی
Greece	یونان
Haiti	هائیتی
Jamaica	جامائیکا
Japan	ژاپن
Laos	لائوس
Lebanon	لبنان
Liberia	لیبریا
Mexico	مکزیک
Nepal	نپال
Nigeria	نیجریه
Pakistan	پاکستان
Russia	روسیه
Somalia	سومالی
Sudan	سودان
Syria	سوریه
Uganda	اوگاندا
Ukraine	اوکراین

Creativity
خلاقیت

Artistic	هنری
Authenticity	اعتبار
Changing	تغییر
Clarity	وضوح
Dramatic	نمایشی
Emotions	احساسات
Expression	بیان
Fluidity	سیالیت
Image	تصویر
Imagination	تخیل
Inspiration	الهام
Intensity	شدت
Intuition	شهود
Inventive	مبتکر
Sensation	احساس
Skill	مهارت
Spontaneous	خود جوش
Vitality	سرزندگی

Dance
رقص

Academy	آکادمی
Art	هنر
Body	بدن
Choreography	رقص
Classical	کلاسیک
Cultural	فرهنگی
Culture	فرهنگ
Emotion	احساسات
Expressive	رسا
Grace	گریس
Joyful	شاد
Jump	پرش
Movement	جنبش
Music	موسیقی
Partner	شریک
Posture	وضعیت
Rehearsal	تمرین
Rhythm	ریتم
Traditional	سنتی
Visual	بصری

Days and Months

اه‌ام و اه‌زور

April	لیروآ
August	توا
Calendar	میوقت
February	هیروف
Friday	هعمج
January	هیوناژ
July	هیالوج
March	سرام
Monday	هبنشود
Month	هام
November	ربماون
October	ربتکا
Saturday	هبنش
September	ربماتپس
Sunday	هبنشکی
Thursday	هبنش جنپ
Tuesday	هبنش هس
Wednesday	هبنشراهچ
Week	هتفه
Year	لاس

Diplomacy

یسامولپید

Adviser	رواشم
Ambassador	ریفس
Citizens	نادنورهش
Civic	یندم
Community	نمجنا
Conflict	یریگرد
Cooperation	یراکمه
Diplomatic	کیتامولپید
Discussion	ثحب
Embassy	ترافس
Ethics	قالخا
Government	تلود
Humanitarian	هناتسودرشب
Integrity	یگچراپکی
Justice	تلادع
Politics	تسایس
Resolution	وضوح
Security	تینما
Solution	لح هار
Treaty	هدهاعم

Disease

یرامیب

Abdominal	مکش
Allergies	یژرلآ
Bacterial	ییایرتکاب
Body	ندب
Bones	ناوختسا
Chronic	نمزم
Contagious	یرسم
Genetic	یکیتنژ
Health	تمالس
Heart	بلق
Hereditary	یثرا
Immunity	یمنیا
Inflammation	باهتلا
Lumbar	رمک
Neuropathy	یتاپورون
Pulmonary	یویر
Respiratory	یسفنت
Syndrome	مردنس
Therapy	نامرد
Weak	فیعض

Driving

یگدننار

Accident	فداصت
Brakes	زمرت
Car	نیشام
Danger	رطخ
Driver	هدننار
Fuel	تخوس
Garage	ژاراگ
Gas	زاگ
License	زوجم
Map	هشقن
Motor	روتوم
Motorcycle	تلکیسروتوم
Pedestrian	هدایپ رباع
Police	سیلپ
Road	هداج
Safety	یمنیا
Speed	تعرس
Traffic	کیفارت
Truck	نویماک
Tunnel	لنوت

Ecology

یسانش موب

Climate	میلقا
Communities	عماوج
Diversity	عونت
Drought	یلاسکشخ
Fauna	ناروناج
Flora	رولف
Global	یناهج
Habitat	هاگتسیز
Marine	ییایرد
Marsh	رادش
Natural	یعیبط
Nature	تعیبط
Plants	ناهایگ
Resources	عبانم
Survival	ياقب
Sustainable	رادیاپ
Vegetation	یهایگ یگدنز
Volunteers	نابلطواد

Energy

یژرنا

Battery	یرتاب
Carbon	نبرک
Diesel	لزید
Electric	یقرب
Electron	نورتکلا
Entropy	يپورتنآ
Environment	طیحم
Fuel	تخوس
Gasoline	نیزنب
Heat	ترارح
Hydrogen	نژوردیه
Industry	تعنص
Motor	روتوم
Nuclear	یا هتسه
Photon	نوتوف
Pollution	یگدولآ
Renewable	ریذپ دیدجت
Steam	راخب
Turbine	نیبروت
Wind	داب

Engineering
یسدنهم

English	
Angle	هیواز
Axis	روحم
Calculation	هبساحم
Construction	زاس و تخاس
Depth	قمع
Diagram	رادومن
Diameter	رطق
Diesel	لزید
Dimensions	داعبا
Distribution	عیزوت
Energy	یژرنا
Friction	کاکطصا
Levers	مرها
Liquid	عیام
Machine	نیشام
Measurement	یریگ هزادنا
Motor	روتوم
Stability	تابث
Strength	ماکحتسا
Structure	راتخاس

Ethics
قالخا

English	
Altruism	یتسود عون
Benevolent	هاوخریخ
Compassion	تقفش
Cooperation	یراکمه
Dignity	تمارک
Diplomatic	کیتاملپید
Honesty	تقادص
Humanity	تیرشب
Individualism	ییارگدرف
Integrity	یگچراپکی
Kindness	ینابرهم
Optimism	ینیب شوخ
Patience	ربص
Philosophy	هفسلف
Rationality	تینالقع
Realism	ییارگ عقاو
Reasonable	لوقعم
Respectful	مارتحا
Tolerance	لمحت
Wisdom	تمکح

Farm #1
مزرعه 1#

English	
Agriculture	یزرواشک
Bee	لسع روبنز
Calf	هلاسوگ
Cat	هبرگ
Chicken	غرم
Cow	واگ
Crow	غالک
Dog	سگ
Donkey	رخ
Fence	هدرن
Fertilizer	دوک
Field	هنیمز
Flock	هلگ
Goat	زب
Hay	هجنوی
Honey	لسع
Horse	بسا
Rice	جنرب
Seeds	هناد
Water	بآ

Farm #2
مزرعه 2#

English	
Animals	تاناویح
Barley	وج
Barn	رابنا
Corn	ترذ
Duck	کدرا
Farmer	زرواشک
Food	اذغ
Fruit	هویم
Irrigation	یرایبآ
Lamb	هرب
Llama	امال
Meadow	رازنمچ
Milk	ریش
Orchard	غاب
Ripe	هدیسر
Sheep	دنفسوگ
Shepherd	ناپوچ
Tractor	روتکارت
Vegetable	یزبس
Wheat	مدنگ

Fashion
دم

English	
Boutique	کیتوب
Buttons	همکد
Clothing	ساپل
Comfortable	تحار
Elegant	ابیز
Embroidery	یزودلگ
Expensive	نارگ
Fabric	هچراپ
Lace	روت
Minimalist	تسیلامینیم
Modern	نردم
Modest	نتورف
Original	لصا
Pattern	وگلا
Practical	یلمع
Simple	هداس
Sophisticated	هدیچیپ
Style	کبس
Texture	تفاب
Trend	دنور

Food #1
اذغ #1

English	
Apricot	ولآدرز
Barley	وج
Basil	ناحیر
Carrot	جیوه
Cinnamon	نیچراد
Garlic	ریس
Juice	بآ
Lemon	ومیل
Milk	ریش
Onion	زایپ
Peanut	ینیمز ماداب
Pear	یبالگ
Salad	دالاس
Salt	کمن
Soup	پوس
Spinach	جانفسا
Strawberry	یگنرف توت
Sugar	دنق
Tuna	نت یهام
Turnip	مغلش

Food #2

غذا #2

Apple	بیس
Artichoke	کنگر فرنگی
Banana	زوم
Broccoli	کلم بروکلی
Celery	کرفس
Cheese	پنیر
Cherry	گیلاس
Chicken	مرغ
Chocolate	شکلات
Egg	تخم مرغ
Eggplant	بادمجان
Fish	ماهی
Grape	انگور
Ham	ژامبون
Kiwi	کیوی
Mushroom	قارچ
Rice	برنج
Tomato	گوجه فرنگی
Wheat	گندم
Yogurt	ماست

Force and Gravity

جاذبه و نیرو

Axis	محور
Center	مرکز
Discovery	کشف
Distance	فاصله
Dynamic	پویا
Expansion	گسترش
Friction	اصطکاک
Magnetism	مغناطیس
Mechanics	مکانیک
Motion	حرکت
Orbit	مدار
Physics	فیزیک
Planets	سیارات
Pressure	فشار
Properties	خواص
Speed	سرعت
Time	زمان
Universal	جهانی
Weight	وزن

Fruit

میوه

Apple	سیب
Apricot	زردآلو
Avocado	آووکادو
Banana	موز
Berry	توت
Cherry	گیلاس
Coconut	نارگیل
Fig	انجیر
Grape	انگور
Guava	گواوا
Kiwi	کیوی
Lemon	لیمو
Mango	انبه
Melon	خربزه
Nectarine	شلیل
Papaya	پاپایا
Peach	هلو
Pear	گلابی
Pineapple	آناناس
Raspberry	تمشک

Garden

باغ

Bench	نیمکت
Bush	بوش
Fence	نرده
Flower	گل
Garage	گاراژ
Garden	باغ
Grass	چمن
Hammock	ننو
Hose	شلنگ
Pond	برکه
Porch	ایوان
Rake	شن کش
Shovel	بیل
Soil	خاک
Terrace	تراس
Trampoline	ترامپولین
Tree	درخت
Vine	تاک
Weeds	علف های هرز

Geography

جغرافیا

Altitude	ارتفاع
Atlas	اطلس
City	شهر
Continent	قاره
Country	کشور
Hemisphere	نیمکره
Island	جزیره
Latitude	عرض جغرافیایی
Map	نقشه
Meridian	نصف النهار
Mountain	کوه
North	شمال
Ocean	اقیانوس
Region	منطقه
River	رودخانه
Sea	دریا
South	جنوب
Territory	قلمرو
West	غرب
World	جهان

Geology

زمین شناسی

Acid	اسید
Calcium	کلسیم
Cavern	غار
Continent	قاره
Coral	مرجان
Crystals	کریستال ها
Cycles	چرخه
Earthquake	زلزله
Erosion	فرسایش
Fossil	فسیل
Lava	گدازه
Layer	لایه
Minerals	مواد معدنی
Molten	مذاب
Plateau	فلات
Quartz	کوارتز
Salt	نمک
Stalactite	استالاکتیت
Stone	سنگ
Volcano	آتشفشان

Geometry
هندسه

Angle	زاویه
Calculation	محاسبه
Circle	دایره
Curve	منحنی
Diameter	قطر
Dimension	بعد
Equation	معادله
Height	ارتفاع
Horizontal	افقی
Logic	منطق
Mass	جرم
Median	میانه
Number	شماره
Parallel	موازی
Proportion	نسبت
Segment	بخش
Surface	سطح
Symmetry	تقارن
Theory	نظریه
Triangle	مثلث

Global Warming
گرمایش جهانی

Arctic	قطب شمال
Attention	توجه
Climate	اقلیم
Crisis	بحران
Data	داده
Development	توسعه
Energy	انرژی
Environmental	محیطی
Future	آینده
Gas	گاز
Generations	نسل
Government	دولت
Habitats	زیستگاه
Industry	صنعت
International	بین المللی
Legislation	قانون گذاری
Now	اکنون
Populations	جمعیت
Scientist	دانشمند
Temperatures	دما

Government
دولت

Citizenship	تابعیت
Civil	مدنی
Constitution	قانون اساسی
Democracy	دموکراسی
Discussion	بحث
District	منطقه
Equality	برابری
Independence	استقلال
Judicial	قضایی
Justice	عدالت
Law	قانون
Leader	رهبر
Liberty	آزادی
Monument	یادبود
Nation	ملت
Peaceful	صلح
Politics	سیاست
Speech	سخنرانی
State	دولت
Symbol	نماد

Hair Types
انواع مو

Bald	طاس
Black	سیاه
Blond	بور
Braided	بافته
Braids	نوارها
Brown	براون
Colored	رنگی
Curls	فر
Curly	فرفری
Dry	خشک
Gray	خاکستری
Healthy	سالم
Long	بلند
Shiny	براق
Short	کوتاه
Soft	نرم
Thick	ضخیم
Thin	نازک
Wavy	موجی
White	سفید

Health and Wellness #1
بهداشت و سلامتی #1

Active	فعال
Bacteria	باکتری
Bones	استخوان
Clinic	درمانگاه
Doctor	دکتر
Fracture	شکستگی
Habit	عادت
Height	ارتفاع
Hormones	هورمون
Hunger	گرسنگی
Medicine	پزشکی
Muscles	عضلات
Nerves	اعصاب
Pharmacy	داروخانه
Posture	وضعیت
Reflex	رفلکس
Relaxation	آرامش
Skin	پوست
Therapy	درمان
Virus	ویروس

Health and Wellness #2
بهداشت و سلامتی # 2

Allergy	آلرژی
Anatomy	آناتومی
Appetite	اشتها
Blood	خون
Calorie	کالری
Dehydration	کم آبی بدن
Diet	رژیم غذایی
Disease	بیماری
Energy	انرژی
Genetics	ژنتیک
Healthy	سالم
Hospital	بیمارستان
Hygiene	بهداشت
Infection	عفونت
Massage	ماساژ
Nutrition	تغذیه
Recovery	بازیابی
Stress	فشار
Vitamin	ویتامین
Weight	وزن

Herbalism
گیاه شناسی

Aromatic	معطر
Basil	ریحان
Beneficial	مفید
Culinary	آشپزی
Fennel	رازیانه
Flavor	طعم
Flower	گل
Garden	باغ
Garlic	سیر
Green	سبز
Ingredient	جزء
Lavender	اسطوخودوس
Marjoram	مرجان
Mint	نعناع
Oregano	پونه کوهی
Parsley	جعفری
Plant	گیاه
Rosemary	رزماری
Saffron	زعفران
Tarragon	ترخون

House
خانه

Basement	زیرزمین
Broom	جارو
Curtains	پرده
Door	درب
Fence	نرده
Fireplace	شومینه
Floor	کف
Furniture	مبلمان
Garage	گاراژ
Garden	باغ
Keys	کلیدها
Kitchen	آشپزخانه
Lamp	لامپ
Library	کتابخانه
Mirror	آینه
Roof	سقف
Room	اتاق
Shower	دوش
Wall	دیوار
Window	پنجره

Human Body
بدن انسان

Ankle	مچ پا
Blood	خون
Bones	استخوان
Brain	مغز
Chin	چانه
Ear	گوش
Elbow	آرنج
Face	صورت
Finger	انگشت
Hand	دست
Head	سر
Heart	قلب
Jaw	فک
Knee	زانو
Leg	پا
Mouth	دهان
Neck	گردن
Nose	بینی
Shoulder	شانه
Skin	پوست

Jazz
جاز

Album	آلبوم
Artist	هنرمند
Composer	آهنگساز
Composition	ترکیب
Concert	کنسرت
Drums	درام
Emphasis	تاکید
Famous	مشهور
Favorites	موارد دلخواه
Improvisation	بداهه
Music	موسیقی
Musicians	نوازندگان
New	جدید
Old	قدیمی
Orchestra	ارکستر
Rhythm	ریتم
Song	ترانه
Style	سبک
Talent	استعداد
Technique	تکنیک

Landscapes
چشمانداز

Beach	ساحل
Cave	غار
Cliff	صخره
Desert	کویر
Glacier	یخچال
Hill	تپه
Iceberg	کوه یخ
Island	جزیره
Lake	دریاچه
Mountain	کوه
Oasis	واحه
Ocean	اقیانوس
Peninsula	شبه جزیره
River	رودخانه
Sea	دریا
Swamp	باتلاق
Tundra	تندرا
Valley	دره
Volcano	آتشفشان
Waterfall	آبشار

Literature
ادبیات

Analogy	قیاس
Analysis	تحلیل
Anecdote	حکایت
Author	نویسنده
Biography	بیوگرافی
Comparison	مقایسه
Conclusion	نتیجه
Description	شرح
Dialogue	گفتگو
Fiction	داستان
Metaphor	استعاره
Narrator	راوی
Novel	رمان
Poem	شعر
Poetic	شاعرانه
Rhyme	قافیه
Rhythm	ریتم
Style	سبک
Theme	تم
Tragedy	تراژدی

Mammals
پستانداران

Bear	خرس
Beaver	سگ آبی
Bull	گاو نر
Cat	گربه
Coyote	کایوت
Dog	سگ
Dolphin	دلفین
Elephant	فیل
Fox	فاکس
Giraffe	زرافه
Gorilla	گوریل
Horse	اسب
Kangaroo	کانگورو
Lion	شیر
Monkey	میمون
Rabbit	خرگوش
Sheep	گوسفند
Whale	نهنگ
Wolf	گرگ
Zebra	گورخر

Math
ریاضی

Angles	زاویه
Arithmetic	حساب
Circumference	دور
Decimal	اعشاری
Diameter	قطر
Division	بخش
Equation	معادله
Exponent	نما
Fraction	کسر
Geometry	هندسه
Numbers	شماره
Parallel	موازی
Perimeter	محیط
Polygon	چند ضلعی
Radius	شعاع
Rectangle	مستطیل
Square	مربع
Sum	جمع
Symmetry	تقارن
Triangle	مثلث

Measurements
اندازه گیری

Byte	بایت
Centimeter	سانتیمتر
Decimal	اعشاری
Degree	درجه
Depth	عمق
Gram	گرم
Height	ارتفاع
Inch	اینچ
Kilogram	کیلوگرم
Kilometer	کیلومتر
Length	طول
Liter	لیتر
Mass	جرم
Meter	متر
Minute	دقیقه
Ounce	اونس
Ton	تن
Weight	وزن
Width	عرض

Meditation
مدیتیشن

Acceptance	پذیرش
Attention	توجه
Awake	بیدار
Breathing	تنفس
Calm	آرام
Clarity	وضوح
Compassion	شفقت
Emotions	احساسات
Gratitude	قدردانی
Habits	عادات
Kindness	مهربانی
Mental	ذهنی
Mind	ذهن
Movement	جنبش
Music	موسیقی
Nature	طبیعت
Peace	صلح
Perspective	چشم انداز
Silence	سکوت
Thoughts	افکار

Music
موسیقی

Album	آلبوم
Ballad	تصنیف
Chorus	گروه کر
Classical	کلاسیک
Eclectic	التقاطی
Harmonic	هارمونیک
Harmony	هارمونی
Lyrical	ترانه
Melody	ملودی
Microphone	میکروفون
Musical	موزیکال
Musician	نوازنده
Opera	اپرا
Poetic	شاعرانه
Recording	ضبط
Rhythm	ریتم
Rhythmic	ریتمیک
Sing	بخوان
Singer	خواننده
Vocal	آواز

Mythology
اسطوره شناسی

Archetype	الگو کهن
Behavior	رفتار
Beliefs	باورها
Creation	ایجاد
Creature	موجود
Culture	فرهنگ
Deities	خدایان
Disaster	فاجعه
Heaven	بهشت
Hero	قهرمان
Immortality	جاودانگی
Jealousy	حسادت
Labyrinth	هزارتو
Legend	افسانه
Lightning	رعد و برق
Monster	هیولا
Mortal	فانی
Revenge	انتقام
Thunder	تندر
Warrior	جنگجو

Nature
طبیعت

Animals	حیوانات
Arctic	قطب شمال
Beauty	زیبایی
Bees	زنبورها
Cliffs	صخره
Clouds	ابرها
Desert	کویر
Dynamic	پویا
Erosion	فرسایش
Fog	مه
Foliage	برگ و شاخ
Forest	جنگل
Glacier	یخچال
Peaceful	صلح
River	رودخانه
Sanctuary	پناهگاه
Serene	آرام
Tropical	گرمسیری
Vital	حیاتی
Wild	وحشی

Numbers
اعداد

Decimal	اعشاری
Eight	هشت
Eighteen	هجده
Fifteen	پانزده
Five	پنج
Four	چهار
Fourteen	چهارده
Nine	نه
Nineteen	نوزده
One	یک
Seven	هفت
Seventeen	هفده
Six	شش
Sixteen	شانزده
Ten	ده
Thirteen	سیزده
Three	سه
Twelve	دوازده
Twenty	بیست
Two	دو

Nutrition
تغذیه

Appetite	اشتها
Balanced	متعادل
Bitter	تلخ
Calories	کالری
Carbohydrates	کربوهیدرات
Diet	رژیم غذایی
Digestion	هضم
Edible	خوراکی
Fermentation	تخمیر
Flavor	طعم
Habits	عادات
Health	سلامتی
Healthy	سالم
Nutrient	مواد مغذی
Proteins	پروتئین
Quality	کیفیت
Sauce	سس
Toxin	سم
Vitamin	ویتامین
Weight	وزن

Ocean
اقیانوس

Algae	جلبک
Coral	مرجان
Crab	خرچنگ
Dolphin	دلفین
Eel	مارماهی
Fish	ماهی
Jellyfish	عروس دریایی
Octopus	اختاپوس
Oyster	صدف
Reef	تپه دریایی
Salt	نمک
Seaweed	جلبک دریایی
Shark	کوسه
Shrimp	میگو
Sponge	اسفنج
Storm	طوفان
Tuna	ماهی تن
Turtle	لاک پشت
Waves	امواج
Whale	نهنگ

Physics
فیزیک

Acceleration	شتاب
Atom	اتم
Chaos	آشوب
Chemical	شیمیایی
Density	تراکم
Electron	الکترون
Engine	موتور
Expansion	گسترش
Formula	فرمول
Frequency	فرکانس
Gas	گاز
Magnetism	مغناطیس
Mass	جرم
Mechanics	مکانیک
Molecule	مولکول
Nuclear	هسته ای
Particle	ذره
Relativity	نسبیت
Universal	جهانی
Velocity	سرعت

Plants
گیاهان

Bamboo	بامبو
Bean	لوبیا
Berry	توت
Botany	گیاه شناسی
Bush	بوش
Cactus	کاکتوس
Fertilizer	کود
Flora	فلور
Flower	گل
Foliage	برگ و شاخ
Forest	جنگل
Garden	باغ
Grass	چمن
Ivy	پیچک
Moss	خزه
Petal	گلبرگ
Root	ریشه
Stem	ساقه
Tree	درخت
Vegetation	زندگی گیاهی

Professions #1
حرفه #1

Ambassador	سفیر
Astronomer	ستاره شناس
Attorney	وکیل
Banker	بانکدار
Cartographer	نقشه نگار
Coach	مربی
Dancer	رقصنده
Doctor	دکتر
Editor	ویرایشگر
Geologist	زمین شناس
Hunter	شکارچی
Jeweler	جواهر
Musician	نوازنده
Nurse	پرستار
Pianist	پیانیست
Plumber	لوله کش
Psychologist	روانشناس
Sailor	ملوان
Tailor	خیاط
Veterinarian	دامپزشک

Professions #2
حرفه #2

Astronaut	فضانورد
Biologist	زیست شناس
Dentist	دندانپزشک
Detective	کاراگاه
Engineer	مهندس
Farmer	کشاورز
Gardener	باغبان
Illustrator	تصویرگر
Inventor	مخترع
Journalist	خبرنگار
Librarian	کتابدار
Linguist	زبانشناس
Painter	نقاش
Philosopher	فیلسوف
Photographer	عکاس
Physician	پزشک
Pilot	خلبان
Surgeon	جراح
Teacher	معلم
Zoologist	جانورشناس

Psychology
روانشناسی

Appointment	قرار ملاقات
Assessment	ارزیابی
Behavior	رفتار
Childhood	کودکی
Clinical	بالینی
Cognition	شناخت
Conflict	درگیری
Dreams	رویاها
Ego	نفس
Emotions	احساسات
Experiences	تجربیات
Memories	خاطرات
Perception	ادراک
Personality	شخصیت
Problem	مشکل
Reality	واقعیت
Sensation	احساس
Therapy	درمان
Thoughts	افکار
Unconscious	ناخودآگاه

Rainforest
جنگل بارانی

Amphibians	دوزیستان
Birds	پرندگان
Botanical	گیاه شناسی
Climate	اقلیم
Clouds	ابرها
Community	انجمن
Diversity	تنوع
Indigenous	بومی
Insects	حشرات
Jungle	جنگل
Mammals	پستانداران
Moss	خزه
Nature	طبیعت
Preservation	حفظ
Refuge	پناه
Respect	احترام
Restoration	ترمیم
Survival	بقا
Valuable	با ارزش

Restaurant #2
رستوران #2

Beverage	نوشیدنی
Cake	کیک
Chair	صندلی
Delicious	خوشمزه
Dinner	شام
Eggs	تخم مرغ
Fish	ماهی
Fork	چنگال
Fruit	میوه
Ice	یخ
Lunch	ناهار
Salad	سالاد
Salt	نمک
Soup	سوپ
Spices	ادویه
Spoon	قاشق
Vegetables	سبزیجات
Waiter	گارسون
Water	آب

Science
علم

Atom	اتم
Chemical	شیمیایی
Climate	اقلیم
Data	داده
Evolution	تکامل
Experiment	آزمایش
Fact	حقیقت
Fossil	فسیل
Gravity	جاذبه
Hypothesis	فرضیه
Laboratory	آزمایشگاه
Method	روش
Minerals	مواد معدنی
Molecules	مولکول ها
Nature	طبیعت
Organism	ارگانیسم
Particles	ذرات
Physics	فیزیک
Plants	گیاهان
Scientist	دانشمند

Science Fiction
داستان علمی تخیلی

Atomic	اتمی
Books	کتابها
Chemicals	مواد شیمیایی
Cinema	سینما
Dystopia	دیستوپیا
Explosion	انفجار
Extreme	مفرط
Fire	آتش
Futuristic	آینده نگر
Galaxy	کهکشان
Illusion	توهم
Imaginary	خیالی
Mysterious	مرموز
Novels	رمان
Oracle	اوراکل
Planet	سیاره
Scenario	سناریو
Technology	تکنولوژی
Utopia	مدینه فاضله
World	جهان

Scientific Disciplines
رشته های علمی

Anatomy	آناتومی
Archaeology	باستان شناسی
Astronomy	نجوم
Biochemistry	بیوشیمی
Biology	زیست شناسی
Botany	گیاه شناسی
Chemistry	شیمی
Ecology	بوم شناسی
Geology	زمین شناسی
Immunology	ایمونولوژی
Kinesiology	حرکت شناسی
Linguistics	زبانشناسی
Mechanics	مکانیک
Mineralogy	کانی شناسی
Neurology	اعصاب
Physiology	فیزیولوژی
Psychology	روانشناسی
Sociology	جامعه شناسی
Thermodynamics	ترمودینامیک
Zoology	جانورشناسی

Shapes
اشکال

Arc	کمان
Circle	دایره
Cone	مخروط
Corner	گوشه
Cube	مکعب
Curve	منحنی
Cylinder	سیلندر
Ellipse	بیضی
Hyperbola	هذلولی
Line	خط
Polygon	چند ضلعی
Prism	منشور
Pyramid	هرم
Rectangle	مستطیل
Round	گرد
Side	سمت
Sphere	کره
Square	مربع
Triangle	مثلث

Spices
ادویه جات

Bitter	تلخ
Cardamom	هل
Cinnamon	دارچین
Clove	میخک
Coriander	گشنیز
Cumin	زیره
Curry	کاری
Fennel	رازیانه
Fenugreek	شنبلیله
Flavor	طعم
Garlic	سیر
Ginger	زنجبیل
Licorice	شیرین بیان
Nutmeg	جوز هندی
Onion	پیاز
Paprika	فلفل قرمز
Saffron	زعفران
Salt	نمک
Sweet	شیرینی
Vanilla	وانیل

Sport
ورزش

Ability	توانایی
Athlete	ورزشکار
Body	بدن
Bones	استخوان
Coach	مربی
Cycling	دوچرخه سواری
Dancing	رقص
Diet	رژیم غذایی
Endurance	استقامت
Goal	هدف
Health	سلامتی
Jogging	دویدن
Maximize	حداکثر کردن
Metabolic	متابولیک
Muscles	عضلات
Nutrition	تغذیه
Program	برنامه
Sports	ورزش
Strength	استحکام
Stretching	کشش

The Company
شرکت

Business	کسب و کار
Creative	خلاق
Decision	تصمیم
Employment	اشتغال
Global	جهانی
Industry	صنعت
Innovative	خلاقانه
Investment	سرمایه گذاری
Possibility	امکان
Presentation	ارائه
Product	محصول
Professional	حرفه ای
Progress	پیشرفت
Quality	کیفیت
Reputation	شهرت
Resources	منابع
Revenue	درآمد
Risks	خطرات
Trends	روند
Units	واحدها

The Media
رسانه ها

Advertisements	تبلیغات
Commercial	تجاری
Communication	ارتباط
Digital	دیجیتال
Edition	نسخه
Education	تحصیلات
Facts	حقایق
Images	تصاویر
Individual	شخصی
Industry	صنعت
Intellectual	فکری
Local	محلی
Magazines	مجلات
Network	شبکه
Online	اینترنت
Opinion	نظر
Photos	عکس
Public	عمومی
Radio	رادیو
Television	تلویزیون

Time
زمان

Annual	سالانه
Before	قبل از
Calendar	تقویم
Century	قرن
Day	روز
Decade	دهه
Early	زود
Future	آینده
Hour	ساعت
Minute	دقیقه
Month	ماه
Morning	صبح
Night	شب
Noon	ظهر
Now	اکنون
Soon	به زودی
Today	امروز
Week	هفته
Year	سال
Yesterday	دیروز

To Fill
برای پر کردن

Bag	کیسه
Barrel	بشکه
Basin	حوضه
Basket	سبد
Bottle	بطری
Box	جعبه
Bucket	سطل
Carton	کارتن
Drawer	کشو
Envelope	پاکت
Folder	پوشه
Jar	شیشه
Packet	بسته
Pocket	جیب
Suitcase	چمدان
Tray	سینی
Tub	وان
Tube	لوله
Vase	گلدان
Vessel	کشتی

Town
شهرک

Airport	فرودگاه
Bakery	نانوایی
Bank	بانک
Bookstore	کتابفروشی
Cinema	سینما
Clinic	درمانگاه
Florist	گلفروش
Gallery	گالری
Hotel	هتل
Library	کتابخانه
Market	بازار
Museum	موزه
Pharmacy	داروخانه
School	مدرسه
Stadium	ورزشگاه
Store	فروشگاه
Supermarket	سوپرمارکت
Theater	نمایش
University	دانشگاه
Zoo	باغ وحش

Universe
گیتی

Asteroid	سیارک
Astronomer	ستاره شناس
Astronomy	نجوم
Atmosphere	اتمسفر
Celestial	آسمانی
Cosmic	کیهانی
Darkness	تاریکی
Equator	استوا
Galaxy	کهکشان
Hemisphere	نیمکره
Horizon	افق
Latitude	عرض جغرافیایی
Moon	ماه
Orbit	مدار
Sky	آسمان
Solar	خورشیدی
Solstice	انقلاب
Telescope	تلسکوپ
Visible	قابل رویت
Zodiac	زودیاک

Vacation #2
تعطیلات #2

Airport	فرودگاه
Beach	ساحل
Camping	کمپینگ
Destination	مقصد
Foreign	خارجی
Holiday	تعطیلات
Hotel	هتل
Island	جزیره
Journey	سفر
Leisure	فراغت
Map	نقشه
Passport	گذرنامه
Reservations	رزرو
Restaurant	رستوران
Sea	دریا
Taxi	تاکسی
Tent	چادر
Train	قطار
Transportation	حمل و نقل
Visa	ویزا

Vegetables
سبزیجات

Artichoke	کنگر فرنگی
Broccoli	کلم بروکلی
Carrot	چیوه
Cauliflower	گل کلم
Celery	سفرک
Cucumber	خیار
Eggplant	ناجمداب
Garlic	سیر
Ginger	زنجبیل
Mushroom	چراق
Onion	زایپ
Parsley	یرفعج
Pea	نخود فرنگی
Pumpkin	لبنت ودک
Radish	هچبرت
Salad	دالاس
Shallot	ریسوم
Spinach	جانفسا
Tomato	گوجه فرنگی
Turnip	مغلش

Vehicles
وسایل نقلیه

Airplane	امپیاوه
Ambulance	سنالوبمآ
Bicycle	هخرچود
Bus	سوبوتا
Car	ماشین
Caravan	کاروان
Ferry	فری
Helicopter	رتپوکیله
Motor	روتوم
Raft	قایق
Rocket	کشوم
Scooter	رتوکسا
Shuttle	لتاش
Submarine	زیردریایی
Subway	ورتم
Taxi	یسکات
Tires	کیتسال
Tractor	روتکارت
Train	راطق
Truck	نویماک

Visual Arts
هنرهای تجسمی

Architecture	یرامعم
Artist	دنمره
Ceramics	کیمارس
Chalk	گچ
Clay	سر کاخ
Composition	ترکیب بندی
Creativity	خلاقیت
Easel	سه پایه
Film	فیلم
Masterpiece	راکهاش
Painting	نقاشی
Pen	راکدوخ
Pencil	دادم
Perspective	چشم انداز
Photograph	سکع
Portrait	هرترپ
Sculpture	مجسمه سازی
Stencil	نولباش
Wax	موم

Weather
اوه عضو

Atmosphere	رفسمتا
Breeze	نسیم
Calm	مارآ
Climate	اقلیم
Cloud	ربا
Drought	خشکسالی
Dry	کشخ
Flood	سیل
Fog	مه
Ice	خی
Lightning	رعد و برق
Polar	قطبی
Rainbow	رنگین کمان
Sky	آسمان
Storm	طوفان
Temperature	ترارح هجرد
Thunder	تندر
Tornado	دابدرگ
Tropical	گرمسیری
Wind	داب

Congratulations

You made it!

We hope you enjoyed this book as much as we enjoyed making it. We do our best to make high quality games.
These puzzles are designed in a clever way for you to learn actively while having fun!

Did you love them?

A Simple Request

Our books exist thanks your reviews. Could you help us by leaving one now?

Here is a short link which will take you to your order review page:

BestBooksActivity.com/Review50

MONSTER CHALLENGE!

Challenge #1

Ready for Your Bonus Game? We use them all the time but they are not so easy to find. Here are **Synonyms**!

Note 5 words you discovered in each of the Puzzles noted below (#21, #36, #76) and try to find 2 synonyms for each word.

Note 5 Words from *Puzzle 21*

Words	Synonym 1	Synonym 2

Note 5 Words from *Puzzle 36*

Words	Synonym 1	Synonym 2

Note 5 Words from *Puzzle 76*

Words	Synonym 1	Synonym 2

Challenge #2

Now that you are warmed-up, note 5 words you discovered in each Puzzle noted below (#9, #17, #25) and try to find 2 antonyms for each word. How many lines can you do in 20 minutes?

Note 5 Words from **Puzzle 9**

Words	Antonym 1	Antonym 2

Note 5 Words from **Puzzle 17**

Words	Antonym 1	Antonym 2

Note 5 Words from **Puzzle 25**

Words	Antonym 1	Antonym 2

Challenge #3

Wonderful, this monster challenge is nothing to you!

Ready for the last one? Choose your 10 favorite words discovered in any of the Puzzles and note them below.

1.	6.
2.	7.
3.	8.
4.	9.
5.	10.

Now, using these words and within a maximum of six sentences, your challenge is to compose a text about a person, animal or place that you love!

Tip: You can use the last blank page of this book as a draft!

Your Writing:

Explore a Unique Store
Set Up **FOR YOU!**

BestActivityBooks.com/**TheStore**

Designed for Entertainment!

Light Up Your Brain With Unique **Gift Ideas**.

Access **Surprising** And **Essential Supplies!**

CHECK OUT OUR MONTHLY SELECTION NOW!

- Expertly Crafted Products -

NOTEBOOK:

SEE YOU SOON!

Linguas Classics Team